INTERPRETATIONEN ENGLISCH

ALDOUS HUXLEY

Brave New World

Interpretiert von
Christoph M. Peters

STARK

Bildnachweis
Umschlag: © Fernando Cortés /Dreamstime.com
S. 3: © Gamma-Keystone via Getty Images
S. 65: http://commons.wikimedia.org/wiki/File:William_Shakespeare_1609.jpg
S. 75: © Library of Congress; http://commons.wikimedia.org/wiki/File:Henry_ford_1919.jpg
S. 76: © Time & Life Pictures /Getty Images
S. 81: © Dvmsimages /Dreamstime.com

ISBN 978-3-86668-511-6

www.stark-verlag.de

Inhalt

Autor: Dr. Christoph M. Peters

Vorwort

Liebe Schülerinnen, liebe Schüler,

diese Interpretationshilfe erleichtert Ihnen den Zugang zu *Brave New World* von Aldous Huxley und bietet Ihnen die Möglichkeit, sich gezielt auf den Unterricht, Klausuren und das Abitur vorzubereiten.

Der erste Teil enthält Informationen über **Leben und Werk des Autors**. Daran schließt sich eine detaillierte **Inhaltsangabe** an, mit der Sie sich einen umfassenden Überblick über den Roman verschaffen können. Im Mittelpunkt des Buches stehen **Textanalyse und Interpretation**. Neben einer gründlichen Untersuchung der **Figuren** werden auch **Erzählperspektive und Struktur** sowie **Sprache und Bildlichkeit** analysiert. Zudem werden **Slogans, Lieder und Namen** erklärt und die Rolle **Shakespeares** erläutert. Zusätzlich zu Informationen zur zentralen **Thematik** finden Sie ausführliche **Interpretationen von Schlüsselstellen**, wie sie auch in Klausuren verlangt werden. Schließlich wird der Roman einer weiteren Anti-Utopie, dem Roman *Nineteen Eighty-Four* von George Orwell, gegenübergestellt. Ausgewählte **Literaturhinweise** bieten Anregungen zur weiteren Arbeit am Roman.

Viel Erfolg bei der Vorbereitung auf den Unterricht und das Abitur und viel Freude bei der Beschäftigung mit Aldous Huxleys *Brave New World*!

Dr. Christoph M. Peters

Einführung

Aldous Huxleys antiutopischer Gesellschaftsentwurf, dessen Titel auf William Shakespeares *The Tempest* zurückgeht, beschreibt einen Staat, dem es durch zahlreiche ausgeklügelte Techniken – wie die künstliche Erschaffung von Menschen, Konditionierung und Hypnopädie – und die Einführung eines starren Kastensystems gelungen ist, sein Motto *Community, Identity, Stability* zu realisieren. Jedem der auf maximalen Konsum und konstantes Vergnügen ausgerichteten Bewohner ist eine spezifische Aufgabe übertragen, für die er bereits während des Erzeugungsprozesses ausgerüstet wird. Echte Beziehungen sind aufgrund der verordneten allgemeinen Promiskuität (= Geschlechtsverkehr mit häufig wechselnden Partnern) und der Unfähigkeit zu tieferer Reflexion ausgeschlossen. Für die seltenen Momente von Unzufriedenheit können die Bewohner auf die völlig nebenwirkungsfreie Droge Soma zurückgreifen. Die wenigen vom System abweichenden Handlungen sind letztlich zum Scheitern verurteilt.

Es gibt keine Nationalstaaten mehr, nur noch einen Weltstaat. Der Schauplatz der Handlung ist größtenteils England, v. a. London; daneben spielen einige Passagen des Romans in einem Indianerreservat in New Mexico, das gleichzeitig als eine völlig unterentwickelte, wenig ansprechende Gegenwelt fungiert.

Huxley greift in *Brave New World* zahlreiche aktuelle Entwicklungen seiner Zeit auf. Dies sind beispielsweise die großen **Fortschritte in der Wissenschaft**, der durch grundlegende Veränderungen in der industriellen Produktion ermöglichte **Massenkonsum** und der damit einhergehende enorme Bedeutungsgewinn der **Medien** und der **Werbung**. Sein USA-Aufenthalt in den Jahren 1925/26 lieferte Huxley entsprechendes Anschauungsmaterial. Er greift diese Prozesse auf, schreibt sie fort und steigert sie ins Extreme. Diese als Extrapolation bezeichnete Technik ist typisch für **negative Zukunftsentwürfe** in der Literatur (= Anti-Utopie, Dystopie). Auf der Grundlage der aktuellen Situation werden dabei Prognosen bezüglich möglicher Entwicklungen in der Zukunft entworfen – einer Zukunft, die im Falle von *Brave New World* im Jahre 2540 angesiedelt ist.

Auch mehr als 75 Jahre nach seiner Veröffentlichung hat dieser Roman nichts von seiner Aktualität eingebüßt. Er wirkt im Gegenteil durch die immensen Fortschritte, vor allem im Bereich der Gentechnologie aktueller denn je. *Genetic engineering* ist ein Problemfeld, das in den letzten Jahren immer wieder Thema öffentlicher Debatten war. *Brave New World* zeigt in überspitzter Weise, welche Auswirkungen eine unkontrollierte Entwicklung in der gentechnischen Forschung haben kann. Damit fordert der Roman den Leser unmittelbar zu einer Auseinandersetzung mit der Thematik und zu einer persönlichen Stellungnahme auf. Er schildert am Beispiel fiktiver Figuren die Auswirkungen auf das Leben jedes Einzelnen und hebt diese Frage damit auf eine sehr persönliche Ebene.

Auch der unkontrollierte und unreflektierte Massenkonsum ist ein höchst aktuelles Thema, nicht zuletzt im Kontext der Globalisierung und ihrer Folgen. Dies gilt ebenfalls für die Frage, wie ein solches System überhaupt entstehen und fortbestehen kann. Damit wird der Leser aufgerufen, mögliche Fehlentwicklungen im eigenen Staat aufzuspüren. Gleichfalls dürften der in der Neuen Welt anzutreffende Verlust jeglicher Individualität sowie die Methoden der Stabilitätssicherung, wie beispielweise Konditionierung oder Soma, beim Leser auf kritisches Interesse stoßen.

Leben und Werk

Aldous Leonard Huxley wurde am 26. 7. 1894 in Godalming, Surrey, in eine Familie hineingeboren, zu deren Mitgliedern herausragende Vertreter der **intellektuellen Elite** Englands zählten, wie z. B. sein Urgroßvater Thomas Arnold (1795–1842), Direktor der *public school* von Rugby und Schulreformer, sein Großvater Thomas Henry Huxley (1825–1895), der bedeutende Naturwissenschaftler und Mitstreiter Darwins, oder sein Großonkel Matthew Arnold (1822–1888), einer der wichtigsten Literatur- und Kulturkritiker seiner Zeit. Huxleys Eltern, die sich diesem Erbe verpflichtet fühlten, sorgten für eine angemessene Bildung ihrer Kinder. So besuchte Huxley die Privatschule von Eton und studierte englische Literatur und Philosophie in Oxford. Doch schon in jungen Jahren musste er **Schicksalsschläge** hinnehmen – den Tod der Mutter (1908), eine schwere Augenkrankheit (1911) sowie den Selbstmord seines Bruders Trevenen (1914).

Während seines achtmonatigen Zivildienstes auf Gut Garsington lernte er neben seiner zukünftigen Frau Schriftsteller wie T. S. Eliot, D. H. Lawrence, Katherine Mansfield und Virginia Woolf kennen. Vor diesem Hintergrund erschien 1916 Huxleys erster Gedichtband *The Burning Wheel.* In den folgenden Jahren schrieb Huxley seine ersten Romane. *Crome Yellow* (1921), ein ironisch-satirischer Ideenroman, *Antic Hay* (1923), dessen Titel Christopher Marlowes Tragödie *Edward II* entnommen ist, und *Those Barren Leaves* (1925), in dem es um das Verhältnis von Individuum und Gesellschaft, Naturwissenschaft und Religion oder Moral und Kunst geht.

1926 traf Huxley in Florenz erneut mit D. H. Lawrence zusammen, der mit seiner erdverbundenen Weltsicht großen Einfluss auf den Kopfmenschen Huxley ausübte. Ihre Freundschaft floss auch in Huxleys nächsten Roman *Point Counter Point* (1928) ein. Er wird zu seinen Hauptwerken gerechnet und überzeichnet satirisch die englische Gesellschaft der 1920er-Jahre.

Häufige Reisen und Ortswechsel, u. a. nach Frankreich, kennzeichnen die Jahre bis zum Erscheinen von *Brave New World* (1932). Huxley bezog noch zweimal Stellung zu diesem Roman. Im Vorwort der Neuauflage (1946) bedauerte er, dass er die Gefahren der Kernspaltung nicht berücksichtigt hatte, hielt seine ursprüngliche Schwerpunktsetzung aber für richtig. Dies ist auch der Tenor der Essaysammlung *Brave New World Revisited* (1958).

Das Jahr 1937 brachte eine einschneidende Veränderung im Leben Huxleys. Er reiste mit seiner Familie in die USA und beschloss schließlich, nicht mehr nach England zurückzukehren – eine Entscheidung, die ihm in seiner Heimat massive Kritik einbrachte, gerade auch nach dem Beginn des Zweiten Weltkrieges. Dies gilt in abgeschwächter Form auch für seinen Essayband *Ends and Means* (1937). Der Pazifist Huxley plädiert hier für die Haltung des *non-attachment,* vertritt die These von der Macht der Gewaltlosigkeit und argumentiert, der Zweck könne nicht die Mittel rechtfertigen – vor dem Hintergrund der dramatischen Ereignisse in Europa eine provokante Haltung. Während seines Aufenthaltes in den USA arbeitete er auch in der Filmindustrie und verfasste Drehbücher (z. B. *Madame Curie,* 1938;

Pride and Prejudice, 1940; *Jane Eyre,* 1944). Daneben wandte er sich nun immer mehr dem **Buddhismus** zu.

Menschliche Überheblichkeit prangert Huxley in *After Many a Summer* (1939) an. Der erste Teil des Romans stellt auf satirische Weise die degenerierte Kultur der Neureichen Kaliforniens bloß; im zweiten Teil kritisiert Huxley das menschliche Streben nach Langlebigkeit. Huxleys steigendes Interesse an der Mystik floss auch in den historisch-biografischen Roman *Grey Eminence. A Study in Religion and Politics* (1941) ein, in dem er den Lebensweg des Père Joseph (1577–1638), des wichtigsten Beraters Kardinal Richelieus, nachzeichnet.

Noch im selben Jahr kaufte Huxley eine Ranch am Rande der Mojave-Wüste, um sich dem Studium mystischer Schriften, aber auch der Landwirtschaft zu widmen; 1942 eröffnete er das Trabucco-College, ein spirituelles Zentrum. Mystik, gepaart mit Gesellschaftskritik, steht auch in Huxleys nächstem Roman *Time Must Have a Stop* (1944) im Vordergrund. Dieses Werk, das im Titel auf Shakespeares *Henry IV, Part I*, zurückgreift, ist stark vom tibetischen *Totenbuch* beeinflusst.

1947 gab Huxley seine Ranch auf und zog in die Berge der Sierra Madre. Im folgenden Jahr veröffentlichte er seine düstere Anti-Utopie *Ape And Essence* (1948), die in Form eines Drehbuchs einen nachatomaren Teufelsstaat auf dem Gebiet Kaliforniens und dessen barbarische Sitten beschreibt.

Mit *The Devils Of Loudun* legte er 1952 wieder einen historischen Roman vor. Er spielt im Frankreich des 17. Jahrhunderts und schildert die fürchterlichen Ereignisse bei Teufelsaustreibungen in einem Ursulinenkloster.

Huxley wollte die Staatsbürgerschaft des Landes annehmen, in dem er lebte, sein Antrag wurde jedoch 1953 abgelehnt. Zwei Jahre später starb seine Frau Maria, ein Verlust, der ihn schwer traf. Im selben Jahr erschien der Kurzroman *The Genius and the*

Goddess (1955), der im Rückblick die Verwicklungen einer Dreiecksbeziehung thematisiert.

Erste **Experimente mit Drogen**, mit deren Hilfe er die Selbsttranszendenz ermöglichen wollte, führte Huxley bereits 1953 durch; wichtig war ihm dabei der Gedanke, dass dem Drogenkonsum die Selbstläuterung vorausgehen müsse. Seine Erfahrungen mit Drogen verarbeitete er in den Essaysammlungen *The Doors of Perception* (1954) und *Heaven and Hell* (1956) – Publikationen, die nicht ohne Kritik blieben.

1960 erkrankte er an Zungenkrebs, der nach einer Radiumbehandlung aber zunächst zurückging, sodass er Reisen nach Europa und Indien antreten konnte. Kurz danach veröffentlichte er seinen letzten Roman *Island* (1962), in dem er die paradiesische Insel Pala beschreibt. Die Bevölkerung ist aufgrund ihrer buddhistischen Tradition und der Moksha-Droge von den Problemen westlicher Zivilisation verschont geblieben, erleidet aber letztlich aufgrund der riesigen Ölvorkommen auf ihrer Insel die Invasion der Nachbarstaaten.

Am 22.11.1963, dem Tag des Kennedy-Attentats, starb Aldous Huxley in Los Angeles.

Inhaltsangabe

Kapitel I (Seite 1–14)
Zu Beginn führt der Direktor (DHC) des *Central London Hatchery and Conditioning Centre* eine Gruppe neuer Studenten durch das Zentrum. Das Gebäude, über dessen Haupteingang das Motto des Weltstaates *(Community, Identity, Stability)* angebracht ist, wirkt für die Verhältnisse der Neuen Welt mit 34 Stockwerken eher klein und von außen insgesamt unauffällig. Dies steht im krassen Gegensatz zur Bedeutung des Zentrums als dem Ort, an dem Menschen erschaffen werden – ausgerichtet an den Bedürfnissen des Staates. Der Befruchtungsprozess wird ebenso in seinen Einzelheiten beschrieben wie das Verfahren, mit dem aus einer befruchteten Eizelle bis zu 96 identische Embryonen gewonnen werden können. Dies gelingt durch den Einsatz von Röntgenstrahlen und Alkohol, die die Eizelle dazu bringen, sich wieder und wieder zu teilen. Allerdings werden nur Gammas, Deltas und Epsilons (die drei unteren der fünf Kasten) mit diesem Verfahren – *Bokanovsky Process* – erzeugt. Die Zeitspanne, in der eine Eizelle reift, kann durch *Podsnap's Technique* deutlich verkürzt werden. Aus einem Eierstock entstehen so mehr als 15 000 Menschen. Dies ist nach Aussage des Direktors „one of the major instruments of social stability" (S. 5). Er bedauert, dass dieser Anwendung der Prinzipien der Massenproduktion auf die Schaffung von Menschen Grenzen gesetzt sind und nicht unendlich viele identische Menschen geschaffen werden können.

Die Embryonen werden auf ihr Geschlecht hin untersucht. Lediglich 30 % der weiblichen Embryonen bleiben fruchtbar, die übrigen werden durch eine regelmäßige Dosis männlicher Hormone sterilisiert. Auf diese Weise steht dem Staat immer eine ausreichende Zahl fruchtbarer Eierstöcke zur Verfügung. Da aber allgemeine Fruchtbarkeit dem Ziel des Staates zuwiderläuft, ist natürliche Fortpflanzung ausgeschlossen.

Auf Fließbändern bewegen sich die Flaschen mit den Embryonen vom *Bottling Room* zum *Social Predestination Room*. Dort werden die Embryonen gemäß ihrer späteren Kastenzugehörigkeit speziellen Anwendungen unterzogen: je niedriger die Kaste, desto weniger Sauerstoff und desto mehr Alkohol wird verabreicht. Auch auf besondere berufliche Anforderungen, wie z. B. die Arbeit in den Tropen oder als Astronaut, werden die Embryonen durch spezielle Behandlungen vorbereitet. Auf ihrem Rundgang schließt sich ein Mitarbeiter, Henry Foster, auf die Bitte des Direktors der Gruppe an. Er teilt den Enthusiasmus des Direktors und überschwemmt die Studenten gleichsam mit Zahlen und Fakten, um die Leistungsfähigkeit des Zentrums herauszustellen. Bevor die Studenten noch einen kurzen Blick in den *Decanting Room* werfen können, begegnen sie Lenina Crowne bei der Arbeit mit den Embryonen. Die ungewöhnlich hübsche Frau verabredet sich mit Henry Foster.

Kapitel II (Seite 15–24)

Die Studenten begleiten den Direktor in die Neo-Pavlovschen Konditionierungsräume. In einem großen leeren Raum legen Pflegerinnen wunderschöne Rosen und bunte Bilderbücher auf dem Boden aus. Dann bringen sie aus einem Nebenraum eine größere Zahl identischer, in Kaki gekleideter Babys herein und setzen sie auf den Boden. Die acht Monate alten Kinder krabbeln voller Freude auf die Blumen und die Bücher zu und spielen mit ihnen. Genau in diesem Moment ertönt auf Befehl des Direktors eine immer schriller werdende Sirene, begleitet von durchdringenden Alarmglocken. Die Babys schreien in Panik, die sich noch steigert, als sie außerdem einem elektrischen Schock ausgesetzt werden. Nachdem wieder Ruhe eingekehrt ist, halten die

Pflegerinnen den Babys die Rosen und Bücher wieder hin, lösen damit jetzt aber erneut Panik aus – von der ursprünglichen Freude beim Anblick dieser Dinge ist nichts geblieben. Auf diese Weise wird den Kindern nach 200-maliger Wiederholung ein instinktiver Hass auf Bücher und Blumen eingeimpft: "They'll be safe from books and botany all their lives." (S. 17) Damit wird verhindert, dass ihnen in ihrem späteren Leben derartige Dinge gefallen; wer Bücher und Blumen liebt, konsumiert nichts – und verstößt damit gegen einen wirtschaftlichen Grundsatz der Neuen Welt. Die Menschen werden so konditioniert, dass sie die Natur hassen, gleichzeitig aber jede Art von Sport im Freien lieben, wozu sie allerdings ausgefeilte technische Hilfsmittel benötigen und damit entsprechend viel konsumieren.

Der Direktor erzählt den Studenten von den Anfängen der Hypnopädie. Ein Junge namens Reuben Rabinovitch schlief eines Nachts bei laufendem Radio ein. Am nächsten Morgen konnte er Wort für Wort den in der Nacht gesendeten Beitrag von George Bernard Shaw aufsagen. Die geschockten Eltern suchten einen Arzt auf, der das zugrunde liegende Prinzip der Hypnopädie erkannte. Anfangs war diese Methode jedoch nicht sehr erfolgreich, da die Kinder die Texte nur wiederholen konnten, ohne sie zu verstehen. Daher wurden die ersten Versuche nach kurzer Zeit eingestellt. Die entscheidende Veränderung brachte die Erkenntnis, dass Hypnopädie zwar kein Wissen vermitteln kann, sehr wohl aber moralische Werte. Genau darum geht es bei der Einheit in Hypnopädie, welche die Studenten im Anschluss sehen: Schlafenden Beta-Kindern wird die Liebe zu ihrer eigenen Kaste suggeriert. Während sie zu Alphas aufschauen, verachten sie die unteren Kasten. Der DHC ist von dieser Methode so begeistert, dass er im Überschwang der Emotionen mit der Faust auf den Tisch schlägt und dabei die Kinder aufweckt.

Kapitel III (Seite 25–48)
Im Garten des Zentrums spielen mehrere Hundert kleiner Mädchen und Jungen. In der warmen Junisonne laufen sie nackt durch den Garten und es sind erste sexuelle Spielchen zu sehen. Ein Junge, der daran offensichtlich nicht teilnehmen will, wird von einer Erzieherin zum Psychologen gebracht, da er nicht das gewünschte Verhalten zeigt. Der Direktor erklärt den ungläubigen Studenten, dass sexuelle Kontakte zwischen Kindern in der Vergangenheit als anormal angesehen und rigoros unterdrückt worden seien. Die Vorstellung, mit Geschlechtsverkehr bis zum 20. Lebensjahr zu warten, löst bei den Studenten Erstaunen aus. Plötzlich mischt sich eine tiefe Stimme in das Gespräch ein. Am Rande der Gruppe steht Mustapha Mond, einer der zehn Weltkontrolleure, dessen Anwesenheit beim Direktor eine unterwürfige Haltung auslöst. Mond setzt zu einem Vortrag über Geschichte und ihre Nutzlosigkeit an ("History is bunk", S. 29). Dem Direktor ist dabei nicht wohl zumute, kursieren doch Gerüchte, dass der Weltkontrolleur verbotene Bücher in seinem Safe aufbewahrt. Eindringlich fordert Mond die Studenten auf, sich ein Leben in einer Familie mit all seinen Problemen vorzustellen: Keine Luft, kein Raum, Dunkelheit, Krankheit und üble Gerüche – allein die Vorstellung daran genügt, dass einem Studenten schlecht wird. Doch der psychische Druck in einer Familie sei noch weit schlimmer gewesen. Verbote oder unerfüllbare Wünsche bedeuteten eine große Belastung für die Menschen und damit Instabilität für den Staat. Das Gegenteil davon ist laut Mond das übergeordnete Ziel des Weltstaates. Sobald jemand einen Wunsch verspürt, muss dieser erfüllt werden.

Im Rekordtempo schildert der Weltkontrolleur mehrere Jahrhunderte Geschichte und geht dabei kurz auf das Christentum, den Liberalismus in England, die Ablehnung des Kastensystems sowie den Neunjährigen Krieg ein, der im Jahre 141 A. F. *(= after Ford)* ausbrach. Überall auf der Welt herrschte Zerstörung, die

Wirtschaft brach zusammen, die Menschheit stand vor der Wahl zwischen Kontrolle auf globaler Ebene und völliger Zerstörung. Als die Weltkontrolleure erkannten, dass sie mit Gewalt nicht zum Ziel kommen würden, setzten sie auf Konditionierung und Hypnopädie. Damit verbunden war eine Kampagne gegen die Vergangenheit, z. B. die Schließung von Museen, die Zerstörung historischer Gebäude oder das Verbot alter Bücher. Die Einführung eines Autos, des ersten T-Modells von Ford, bildete den Beginn einer neuen Zeitrechnung. Von allen Kreuzen wurde der obere Teil abgetrennt, sodass ein T entstand. Religion und Alkohol wurden durch Soma ersetzt, das deren Vorteile vereint, ihre Nachteile jedoch nicht aufweist. In der Neuen Welt verhalten sich Menschen mit 60 genauso wie mit 17, sie arbeiten, haben Sex und kommen nicht in die Versuchung, nachzudenken.

Zur selben Zeit endet im Zentrum die Tagesschicht. Lenina unterhält sich im Umkleideraum mit ihrer Freundin Fanny. Diese fühlt sich nicht gut und ihr wurde vom Arzt eine dreimonatige Schwangerschaftsersatztherapie verordnet, obwohl sie dazu eigentlich noch zu jung ist. Leninas Absicht, am Abend erneut mit Henry Foster auszugehen, führt zu einem Streit. Fanny hält ihr vor, bereits seit vier Monaten nur mit Henry auszugehen und mit keinem anderen Mann geschlafen zu haben. Der Direktor wäre außer sich vor Wut, wüsste er davon. Sie gibt Lenina den Rat, sich auch mit anderen Männern zu verabreden. Lenina verspricht dies und erwähnt, dass sie dabei an Bernard Marx denkt. Ihre Freundin ist entsetzt, weil Bernard in ihren Augen hässlich ist und einige Gerüchte über ihn kursieren. Man erzählt sich, er habe als Embryo eine zu hohe Dosis Alkohol erhalten. Außerdem benehme er sich komisch, denn er sei gerne alleine. Lenina weist diese Anschuldigungen zurück und hält an ihrem Vorhaben fest, nicht zuletzt, weil Bernard ihr angeboten hat, ihn auf eine Reise in ein Reservat zu begleiten. Ein Besuch dort ist nur wenigen erlaubt, und Lenina möchte diese Gelegenheit nutzen.

Währenddessen unterhält sich Henry Foster in der Männerumkleide mit dem *Assistant Predestinator* über Lenina. Henry ermuntert ihn, einmal mit Lenina zu schlafen. Bernard Marx hört ihr Gespräch mit an und ist angewidert über die Art und Weise, in der die beiden Männer über Lenina reden: „Talking about her as though she were a bit of meat" (S. 39). Die beiden machen sich einen Spaß daraus, Bernard zu ärgern. Das ihm geradezu aufgedrängte Soma weist er brüsk zurück.

Kapitel IV (Seite 49–61)

Im Lift zum Dach des Zentrums wird Lenina von zahlreichen Alpha-Plus freundlich begrüßt ("She was a popular girl and, at one time or another, had spent a night with almost all of them", S. 49). Auch Bernard ist da, er steht aber mit traurigem Gesicht in einer Ecke. Als Lenina ihn erblickt, geht sie auf ihn zu und spricht ihn auf die Reisepläne an. Die Umstehenden können ihr Erstaunen nicht verbergen, Bernard hingegen errötet, da er darüber nicht in der Öffentlichkeit reden möchte. Lenina versteht Bernards merkwürdige Reaktion nicht. Als Bernard auf dem Dach den Ausblick und das schöne Wetter bewundert, stimmt Lenina – ganz im Sinne der Konditionierung – zu, die Bedingungen seien perfekt für *Obstacle Golf.* Bei Bernard löst diese Aussage einen schmerzvollen Gesichtsausdruck aus. Vor den gut gemeinten Ratschlägen von Benito Hoover, einem anderen Alpha-Plus, läuft Bernard weg. Lenina fliegt mit Henry in dessen Helikopter zum *Obstacle Golf* aufs Land.

Bernard begibt sich derweil niedergeschlagen zu seinem Hubschrauber. Nicht nur Benito, dem er lautere Absichten bescheinigt, lässt ihn leiden, dasselbe gilt auch für Lenina. Er quälte sich lange Wochen und war unentschlossen, bis er endlich den Mut fasste, Lenina anzusprechen. Selbst jetzt, da sie der Reise in das Reservat zugestimmt hat, fühlt er sich noch immer elend, weil sie ihn nicht versteht. Die Begegnung mit den weit unter ihm stehenden Delta-Minus, die seinen Helikopter aus dem Unterstand holen sollen, ist für Bernard stets unangenehm, da diese seine Befehle nur widerwillig befolgen. Ihre Konditionierung verknüpft Autorität mit körperlicher Größe, die Bernard fehlt.

Danach begibt sich Bernard zum Propagandabüro, in dessen Gebäude sich auch das *College of Emotional Engineering* befindet. Dort werden die Londoner Zeitungen, Fernsehsendungen und Filme produziert. Er ist verabredet mit seinem Freund Helmholtz Watson, der als Dozent am College arbeitet. Er schreibt regelmäßig Radiobeiträge, entwirft Drehbücher und ist Experte für Slogans und hypnopädische Reime. Seine Vorgesetzten halten ihn für sehr qualifiziert, vielleicht sogar zu qualifiziert, denn Helmholtz verfügt über eine übermäßige Intelligenz. Er entspricht in allen Kategorien den Normen der Neuen Welt, in letzter Zeit jedoch hat er festgestellt, dass ihm dies nicht mehr reicht. Er spürt, dass er der Menschheit etwas Wichtiges mitteilen möchte, weiß aber nicht, was genau. Seine Slogans sollen nicht mehr nur gut sein, er möchte mit ihnen auch Gutes tun.

Bernard befürchtet, dass jemand an der Tür lauschen und die häretischen Gedanken seines Freundes hören könnte. Er erklärt diese Überreaktion mit der harten Zeit, die er durchmache. Helmholtz findet Bernards Selbstmitleid beschämend und wünscht sich, Bernard möge mehr Stolz zeigen.

Kapitel V (Seite 62–74)

Auf dem Flug zurück nach London fragt Lenina Henry, warum die Schornsteine des Krematoriums von Slough von einer Art Balkon umgeben sind. Henry erklärt ihr, dass so bei der Verbrennung von Leichen Phosphor gewonnen wird. Damit seien die Bewohner der Neuen Welt selbst im Tod noch nützlich für die Gesellschaft (“Fine to think we can go on being socially useful even after we’re dead”, S. 63). Lenina erinnert sich plötzlich an eine Begebenheit aus ihrer Kindheit, als sie eines Nachts aufwachte und die hypnopädischen Slogans aus dem Lautsprecher bemerkte. Mechanisch wiederholt sie diese Weisheiten, als sie unten auf der Erde Epsilon sieht. Sie ist glücklich, nicht zu dieser Kaste zu gehören. Henry verdeutlicht ihr, dass sie – bei entsprechender Konditionierung – auch als Epsilon mit ihrem Leben zufrieden wäre.

Nach dem Essen verbringen die beiden den Abend beim Tanzen unter dem Einfluss von Soma. Danach begeben sie sich in Henrys Apartment, wo Lenina trotz ihres beträchtlichen Soma-Konsums an die entsprechenden Maßnahmen zur Verhütung denkt – auch dies ein Ergebnis jahrelanger Konditionierung.

Am gleichen Abend findet für Bernard der 14-tägige *Solidarity Service* statt. Als alle zwölf Teilnehmer versammelt sind, beginnt das Ritual. Der Vorsitzende steht auf, macht das Zeichen des T und spielt Musik mit durchdringenden Trommeln ab, die die Teilnehmer stark berührt. Drei Lieder werden gesungen, geweihte Soma-Tabletten und ein Kelch mit Erdbeereis-Soma werden gereicht. Auf dem Höhepunkt der Anspannung ertönt eine tiefe, übermenschliche Stimme, die bei allen Teilnehmern ein warmes Gefühl auslöst. Tränen treten in ihre Augen und sie sind sich sicher, dass das „Greater Beeing" (S. 70), auf dessen Kommen sie warten, sich nähert. Allein Bernard teilt diesen Rausch nicht. Um nicht aufzufallen, gibt er jedoch vor, ebenfalls in Trance zu sein. Die zwölf laufen hintereinander im Kreis, stampfen dabei mit den Füßen und schlagen der Person vor ihnen aufs Gesäß. Plötzlich bricht dieser orgiastische Kreis auseinander und die Stimme meldet sich wieder. Erneut ist es Bernard nicht gelungen, dasselbe zu fühlen wie alle anderen. Seine Außenseiterrolle wird ihm vor Augen geführt: "He was as miserably isolated now as he had been when the service began." (S. 74)

Kapitel VI (Seite 75–91)

„Odd, odd, *odd*" (S. 75) – dies ist das Urteil, zu dem Lenina nach ihrer ersten Verabredung mit Bernard gelangt. All ihre Vorschläge wie Schwimmengehen oder elektromagnetisches Golf lehnt er ab. Stattdessen möchte er mit ihr allein sein, z. B. beim Wandern im Lake District. Bereits die bloße Vorstellung daran löst bei Lenina Horror aus. Schließlich gelingt es ihr, ihn zum Besuch einer Wrestling-Meisterschaft in Amsterdam zu überreden, an der er jedoch wenig Gefallen findet. Das ihm aufgedrängte Soma lehnt er erneut ab; er möchte lieber er selbst sein, auch wenn er sich dabei schlecht fühlt. Auf dem Rückflug schaltet er über dem Meer die Rotoren seines Helikopters aus und betrachtet die dunklen Wellen. Dabei spricht er von seinem Verlangen, frei zu sein – frei von gesellschaftlichen Zwängen und nicht mehr Sklave seiner Konditionierung, „not just a cell in the social body" (S. 78). Er äußert sich herablassend über Leninas hypnopädische Weisheiten und bringt sie zum Weinen. Erst als sie in Bernards Wohnung sind, wo er vier Tabletten Soma auf einmal schluckt und sich auszieht, fühlt sich Lenina besser. Sowohl Fanny als auch Henry Foster erklären ihr später, sie hätten sie vor Bernard gewarnt. Dennoch möchte sie mit ihm in das Reservat reisen.

Bernard muss seinen ganzen Mut zusammennehmen, als er ins Büro des Direktors geht. Er legt ihm einen bereits vom Weltkontrolleur unterschriebenen Antrag für die geplante Reise vor. Dem Direktor bleibt nichts anderes übrig, als dem Vorhaben zuzustimmen. Gleichzeitig löst das Ziel der Reise bei ihm Erinnerungen aus, von denen er erzählt und dabei Bernards Anwesenheit völlig vergisst. Auch er war als junger Mann in Begleitung einer Beta-Minus im Reservat. Während eines Unwetters wurde er von der Frau getrennt, die danach nicht wiedergefunden werden konnte. Als er Bernards Gegenwart wieder wahrnimmt, errötet er und beeilt sich festzustellen, dass er mit der Frau nichts gemacht habe, was gegen die Normen verstoße. Er wird wütend und droht Bernard, ihn wegen seines auffälligen Verhaltens zu verbannen. Dies führt jedoch nicht zur gewünschten Reaktion, denn statt Angst zu empfinden, fühlt Bernard sich eher freudig erregt. ("Even the thought of persecution left him undismayed, was rather tonic than depressing", S. 85.) Am Abend schildert er diese Begebenheit voller Überheblichkeit Helmholtz Watson, der sich für diesen Charakterzug seines Freundes schämt.

Nach einem ereignislosen Flug kommen Bernard und Lenina in Santa Fé an. Lenina ist von den Annehmlichkeiten des Hotels hellauf begeistert. Bernard warnt sie jedoch, dass sie auf all dies im Reservat verzichten müsse. Der Vorsteher der Reservatsverwaltung schildert das Leben der Wilden mit vielen Details, nicht zuletzt um Lenina zu beeindrucken, die allerdings unter dem Einfluss von Soma zu keiner nennenswerten Reaktion fähig ist. Bernard muss die ganze Zeit daran denken, dass er den Parfümhahn in seinem Bad nicht abgedreht hat, was für ihn von Minute zu Minute teurer wird. Schließlich finden die Ausführungen des Vorstehers ein Ende und Bernard kann Helmholtz anrufen und ihn bitten, den Parfümhahn abzudrehen. Helmholtz teilt ihm mit, dass der Direktor ihn nach Island verbannen will. Bernards noch vor kurzer Zeit so ausgeprägter Übermut weicht totaler Erschütterung, die er nur mit einer hohen Dosis Soma verkraften kann. ("Bernard was appalled. Of that imagined stoicism, that theoretical courage, not a trace was left", S. 90.) Auch während des Flugs über das Reservat nach Malpais nimmt er erneut Soma, sodass er nur wenig vom Reservat sieht.

Kapitel VII (Seite 92–105)

Bernard und Lenina werden von einem einheimischen Führer in das Pueblo von Malpais gebracht. Lenina ist entsetzt über die Lebensbedingungen, den Gestank und das Aussehen der Menschen. Im Pueblo werden sie Zeugen einer rituellen Zeremonie. Die Indianer haben nackte Oberkörper, Federn im Haar und bemalte Gesichter. Lenina findet dies alles äußerst merkwürdig und unangenehm. Der Anblick eines alten Mannes mit ausgemergeltem Körper und zahnlosem Mund stößt sie ab. Als sie mitansehen muss, wie einige Frauen ihre Babys stillen, ist das zu viel für sie. Da sie kein Soma dabei hat, muss sie diesen Horrortrip bei vollem Bewusstsein durchstehen. Bernard dagegen gibt sich so gelassen wie möglich und sagt sogar zu Lenina, sie verpasse möglicherweise etwas, wenn sie keine Mutter sei. Überall liegt Müll, die Menschen sind von Krankheiten gezeichnet und von Ungeziefer befallen – der komplette Gegensatz zur Neuen Welt, in der alle Menschen jung, glücklich und sauber sind, wo Unordnung oder Schmutz verpönt sind ("Civilization is Sterilization", S. 104). Auf dem zentralen Platz des Pueblos findet eine Beschwörungszeremonie statt, mit der die Götter befriedigt und die Ernte gesichert werden soll. Trommelschläge, die Lenina an einen *Solidarity Service* erinnern, dazu Tänzer, Götterbilder und schwarze Schlangen – dies ist der Rahmen, in dem die Opferhandlung vollzogen wird: Einem jungen Mann wird so lange mit der Peitsche auf den nackten Rücken geschlagen, bis er zusammenbricht. Eine Feder wird in das Blut getaucht und über den Schlangen ausgeschlagen. Dann läuft die Menschenmenge weg.

Lenina weint unkontrolliert und Bernard kann nichts tun, um sie zu trösten. Da taucht hinter ihnen ein junger Indianer mit blonden Haaren und heller Haut auf. Er spricht die beiden in makellosem, wenn auch veraltetem Englisch an. Er ist untröstlich, denn nach seiner Einschätzung hätte er an der Zeremonie teilnehmen und ausgepeitscht werden sollen; er hätte sicher länger durchgehalten und damit mehr für das Wohl des Pueblos tun können. ("*I* ought to have been there. [...] Why wouldn't they let me be the sacrifice?", S. 100.) Als er Lenina sieht, eine weiße, schöne Frau, hält er inne und errötet angesichts ihres interessierten Blickes. Lenina hält ihn für einen hübschen jungen Mann mit attraktivem Körper. Bernards Fragen zu seiner Person geben ihm Gelegenheit, Leninas Blicken auszuweichen. Er berichtet, dass seine Mutter vor langer Zeit mit Tomakin, einem Mann aus der Neuen Welt, ins Reservat gereist war, bei einem Unwetter jedoch einen Abhang hinabstürzte und alleine in Malpais zurückgelassen wurde, wo sie John auf die Welt brachte. Bernard lauscht der Erzählung mit wachsender Erregung.

John bringt Lenina und Bernard zu seiner Mutter. Ihr Haus ist durch Müll von den anderen Häusern des Dorfes getrennt. Lindas Anblick verschlägt Lenina die Sprache. Ihr fehlen zwei Vorderzähne, sie ist fett, voller Falten, hat blutunterlaufene Augen und eine rote Nase. Ihre Kleidung ist völlig verdreckt, ihr Atem riecht nach Alkohol. Lenina befreit sich, so schnell es geht, aus deren Umarmung. Linda weint vor Freude, Bewohner der Neuen Welt zu sehen. Sie erzählt ihnen von ihrem harten Schicksal, auf das sie durch ihre Konditionierung und ihre Arbeit im *Fertilizing Room* in keiner Weise vorbereitet war. Irgendwann lernte sie, mit dem Schmutz umzugehen. Da sie kein Soma hatte, griff sie auf Alkohol zurück und musste all dessen Nebenwirkungen in Kauf nehmen. Sie schämt sich sehr, Mutter zu sein, auch wenn John ihr oft eine Hilfe war. Die Promiskuität der Neuen Welt brachte sie in Konflikt mit den Frauen des Pueblos. ("They're so hateful, the women here. Mad, mad and cruel", S. 105.) Auch ihr Sohn, der von den Dorfbewohnern ausgegrenzt wird, kann Lindas Verhalten nicht verstehen.

Kapitel VIII (Seite 106–121)

Bernard spricht mit John und bittet ihn, möglichst viel über sein Leben zu erzählen. Die erste Begebenheit, über die John berichtet, stammt aus seiner frühen Kindheit. Eines Tages lag er mit Linda im Bett, die ihm vorsang; genau dann kam ein Mann zu Linda und wollte mit ihr schlafen. Deshalb packte er den Jungen kurzerhand, brachte ihn in den Nebenraum und schloss die Tür zum Schlafzimmer ab. Der kleine John war damit auch im eigenen Zuhause ausgeschlossen.

Auch Lindas Versuche, sich in die Dorfgemeinschaft zu integrieren, schlugen fehl. Bei der Arbeit am Webstuhl wurde sie aufgrund ihrer Unfähigkeit von den anderen Frauen verjagt. Einige Frauen suchten Linda außerdem auf und peitschten sie aus, weil sie nicht wollten, dass ihre Ehemänner ständig zu ihr gingen. Sie schlugen auch John, der seiner Mutter zu Hilfe eilte. Linda sah in ihm die Ursache ihrer misslichen Lage; ohne ihn hätte sie in die Neue Welt zurückkehren können.

Ihren Sohn vernachlässigte sie immer mehr, sodass dieser oft dreckig war und nicht genug zu essen bekam. Immer wenn seine Mutter ihm von der Neuen Welt erzählte, war er besonders glücklich. Auf der anderen Seite lernt John immer mehr von der Religion der Indianer kennen. Linda bringt ihrem Sohn Lesen bei, der sich dabei als besonders begabt zeigt. Bald gibt Linda ihm das einzige Buch, das sie hat: ein Handbuch über die chemische und bakteriologische Konditionierung von Embryonen.

Von den anderen Jungen des Dorfes wird John immer wieder verhöhnt, z. B. weil seine Mutter seine Kleidung nicht ausbessern kann, folgte sie doch bisher dem Grundsatz „the more stitches, the less riches" (S. 104). Außerdem hat sie keine Antworten auf Johns grundlegende Fragen. Kurz nach seinem zwölften Geburtstag verändert sich sein Leben von Grund auf. Als er eines Tages nach Hause kam, fand er ein Buch – die gesammelten Werke Shakespeares –, das Popé, ein Liebhaber seiner Mutter, mitgebracht hatte. Er schlägt es auf und ist von der Magie der Sprache überwältigt, auch wenn er nicht alles versteht.

Sein Hass auf Popé steigt indes ins Unermessliche. Als er die beiden schlafend im Bett vorfindet, blendet dieser Hass alles andere aus. In seinem Kopf schwirren die Worte Shakespeares wild durcheinander. Plötzlich fühlt er den unbezwingbaren Drang, den Mann zu töten. Er nimmt das Küchenmesser und schleicht sich an das Bett. Popé jedoch wacht auf, hält Johns Arm fest und lacht ihn schließlich aus.

John berichtet allerdings auch von einem positiven Erlebnis. Mitsima, ein weiser alter Mann des Pueblos, führte ihn in die Kunst des Töpferns ein und machte den 15-jährigen John damit glücklich. Dieses Gefühl hielt jedoch nicht lange an. So war John gezwungen, die Vermählung der von ihm geliebten Kiakimé mit einem anderen Mann mitzuerleben. Schlimmer noch war der Tag, an dem die jungen Männer des Dorfes in eine Höhle hinabstiegen, um dort die Nacht zu verbringen und als vollwertige Mitglieder der Gemeinschaft am nächsten Tag wieder herauszukommen. John wurde aufgrund seiner Hautfarbe die Teilnahme verweigert; er wurde von der Höhle weggejagt und fühlte sich völlig alleine – eine Situation, die Bernard sehr gut kennt. In seinem Elend griff John auf ungewöhnliche Maßnahmen zurück. So stellte er sich z. B. in der Mittagshitze mit ausgebreiteten Armen an einen Felsen, um die Kreuzigung Jesu, der in der Religion der Indianer auch verehrt wird, nachzuempfinden. Er blieb so lange stehen, bis er bewusstlos wurde. Bernard findet diese Art, seinem Unglück zu entfliehen, zunächst merkwürdig, erkennt dann jedoch einen gewissen Sinn darin – „better than taking *soma*" (S. 119). Als er Johns Narbe, die dieser sich bei dem Sturz zuzog, anschaut, wechselt er schnell das Thema, da ihn seine Konditionierung vor Krankheit und Wunden zurückschrecken lässt. Unvermittelt fragt er John, ob er mit ihnen nach London fliegen möchte. John ist erfreut, möchte aber seine Mutter mitnehmen. Nach kurzem Zögern stimmt Bernard begeistert zu, weil er erkennt, dass dies für ihn von Vorteil sein könnte. Johns Glücksgefühl, dass sein lebenslanger Wunsch nun erfüllt wird, wird jäh getrübt. Angstvoll fragt er Bernard, ob er mit Lenina verheiratet sei. Diese Vorstellung löst bei Bernard Heiterkeit aus, in die John erleichtert einstimmt.

Kapitel IX (Seite 122–126)

Zurück in ihrer Unterkunft gibt Lenina sich einem ausgedehnten „*soma*-holiday“ (S. 122) hin, während Bernard grübelnd im Bett liegt und einen Plan entwirft. Am nächsten Morgen fliegt er nach Santa Fé und telefoniert mit Mustapha Mond. Er erhält die Erlaubnis, Linda und John in die Neue Welt mitzubringen.

Währenddessen steht John vor Leninas Unterkunft und ist niedergeschlagen, weil er denkt, dass sie und Bernard ohne ihn abgereist sind. Schließlich schaut er durchs Fenster und erkennt erleichtert Leninas Koffer. Er schlägt eine Scheibe ein und gelangt ins Haus. Er öffnet Leninas Koffer, riecht an ihrem Parfüm und spielt mit ihren Kleidern. Dabei flüstert er immer wieder ihren Namen. Er kniet neben ihrem Bett und zitiert Shakespeare. Ganz langsam nähert er sich mit seiner Hand der ihren, hält dann aber inne, weil er sich noch nicht würdig fühlt, sie zu berühren. (“Detestable thought! He was ashamed of himself”, S. 126.) Das Geräusch des zurückkehrenden Flugzeugs lässt ihn aufschrecken. In Panik springt er aus dem Fenster und rennt zum Landeplatz, wo Bernard gerade ankommt.

Kapitel X (Seite 127–132)

Im *Hatchery and Conditioning Centre* in London herrscht die übliche Betriebsamkeit, als der Direktor mit Henry Foster den Befruchtungsraum betritt. Er ist entschlossen, an Bernard ein öffentliches Exempel zu statuieren. Als dieser hereinkommt, unterbricht der Direktor die Arbeiter in ihren Tätigkeiten. Mit Nachdruck listet er Bernards Vergehen auf und verbannt ihn nach Island, es sei denn, Bernard könne ihm einen Grund nennen, dies nicht zu tun. Zur Überraschung aller entgegnet Bernard, dass er dies könne, und bittet Linda herein. Ihr Erscheinen löst Unglauben und Schrecken aus. Linda eilt auf den Direktor zu, dessen Gesicht seine Abscheu zeigt: “Red in the face, he tried to disengage himself from her embrace.” (S. 131) Als sie ihn umarmt und ihren Kopf an seine Brust legt, begreift er immer noch nicht. Mit rotem Kopf versucht er sich von ihr zu befreien; das laute Gelächter der Arbeiter übertönt ihre Rufe. Erst als sie noch lauter brüllt, dass der Direktor sie geschwängert habe und sie sein Kind zur Welt bringen musste, kehrt Ruhe ein. Die Zeugen dieser Szene wissen nicht, wie sie mit dieser Ungeheuerlichkeit umgehen sollen. Linda ruft John herein, der vor dem Direktor auf die Knie fällt und ihn als „my father“ (S. 131) anspricht. Dies löst erneut große Heiterkeit aus. Der DHC hält sich die Ohren zu und rennt gedemütigt aus dem Raum.

Kapitel XI (Seite 133–149)

Nach der Szene im Zentrum begibt sich Linda in einen dauerhaften Soma-Urlaub. Sowohl der behandelnde Arzt als auch John protestieren zunächst dagegen, da dies ihre Lebenserwartung stark verkürzt, können aber nichts ändern. Der Direktor ist von seiner Position zurückgetreten. John hingegen ist der neue Star in London, den alle sehen wollen. Da dies jedoch nur durch Bernards Vermittlung möglich ist, findet dieser sich plötzlich in einer völlig neuen Rolle. Alle sind freundlich zu ihm, er hat keine Schwierigkeiten mehr, sich mit Frauen zu verabreden. (“Bernard now found himself, for the first time in his life, treated not merely normally, but as a person of outstanding importance”, S. 135.) Dies steigt Bernard jedoch zu Kopf, sodass hinter vorgehaltener Hand bereits davon gesprochen wird, dass er ein schlimmes Ende finden werde. Eine seiner Aufgaben besteht darin, John die Neue Welt zu zeigen. In einer Fabrik für Helikopterlampen begegnet John einer Belegschaft aus identischen Gammas, Deltas und Epsilons. Der Anblick dieser uniformen Menschengruppen löst bei ihm Übelkeit aus. In Eton benimmt sich Bernard, als sei er der Direktor der Schule, und erklärt John viele Details, wenn auch nicht immer ganz korrekt – sehr zum Ärger des eigentlichen Direktors. Mit Miss Keate, der Schulleiterin, verabredet er ein Treffen. In einem Klassenraum für Beta-Minus wird John Zeuge der Vorführung eines Films über das Reservat. Die Bilder von Indianern, die sich selbst geißeln, lösen bei den Schülern Gelächter aus, wovon John unangenehm berührt ist.

Auch Lenina gewinnt plötzlich enorm an Bedeutung. Die Liste der Männer, die mit ihr ausgehen, ist voller Berühmtheiten. Ihr Glück ist jedoch keineswegs vollkommen, da sie sich über Johns Gefühle ihr gegenüber nicht im Klaren ist. Umso sorgfältiger bereitet sie sich auf ihre Verabredung mit ihm vor. Sie sehen sich den Film *Three Weeks in a Helicopter* an, der von einem Schwarzen handelt, der eine Beta-Frau in seinem Helikopter entführt und am Ende von drei Alpha-Plus überwältigt wird. John folgt Leninas Anweisungen und kann so alle Gefühle der Hauptpersonen am eigenen Körper spüren. Nach dem Film – der Lenina, im Gegensatz zu John, restlos begeistert – hofft Lenina, endlich mit John schlafen zu können. Er begleitet sie nach Hause, verabschiedet sich dann jedoch, weil er sich ihrer noch nicht würdig fühlt. Während er die Lektüre von Shakespeares *Othello* als angemessene Reaktion auf den Abend ansieht, bekämpft Lenina ihre Enttäuschung mit Soma.

Kapitel XII (Seite 150–162)

Bernards Zeit des Glücks kommt zu einem abrupten Ende, als der Abend, der mit der Einladung des *Arch-Community-Songster of Canterbury* einen Höhepunkt bilden sollte, in einer Katastrophe endet. John sperrt sich in seinem Zimmer ein und weigert sich, die Gäste zu treffen. Auch Bernards Flehen kann ihn nicht erweichen. Die Gäste sind entrüstet, verhöhnen Bernard lautstark ("The higher their position in the hierarchy, the deeper their resentment", S. 151) und verlassen schließlich unter Führung des *Songster* die Wohnung. Letzterer ermahnt Bernard, wieder auf den rechten Weg zurückzukehren. Bernards Seifenblase der eigenen Wichtigkeit zerplatzt. Doch auch Lenina ist sichtlich angeschlagen. Johns Verhalten führt sie auf dessen Abneigung ihr gegenüber zurück. Selbst die Ehre, im Bett des *Songster* zu landen, kann sie nicht aufheitern – sie braucht Soma.

John liest in der Zwischenzeit Shakespeares *Romeo and Juliet.* Mustapha Mond wird gleichfalls in einer Situation gezeigt, die ihn betrübt, muss er doch das Buch eines fähigen jungen Wissenschaftlers verbieten, obwohl er es für ein Meisterwerk hält. Dem Weltkontrolleur bleibt jedoch keine andere Wahl, denn das Werk würde die Stabilität der Gesellschaft gefährden.

Bernard flieht in eine Soma-Welt. In den folgenden Tagen entwickelt er Rachegefühle gegenüber John, da er diesen für seine Lage verantwortlich macht. Auch mit der Großzügigkeit seines Freundes Helmholtz Watson kommt Bernard nicht zurecht. Er hatte sich von ihm zuvor im Gefühl der Unbesiegbarkeit abgewandt, weil Helmholtz Bernards Aufschneiderei zuwider war. Helmholtz nimmt ihn ohne Zögern als Freund wieder an und tröstet ihn. Er hat selbst mit Problemen zu kämpfen, denn in seinem Bestreben, über etwas wirklich Wichtiges zu schreiben, ist er in Konflikt mit der Institutsleitung geraten. Denn das selbst verfasste Gedicht, das er seinen Studenten vorlegte, handelt von Einsamkeit und verstößt damit gegen grundlegende Werte. Doch trotz dieser schwierigen Situation scheint Helmholtz in Bernards Augen glücklich zu sein.

John und Helmholtz mögen sich auf Anhieb, wodurch Bernards Eifersucht geweckt wird. Immer wieder unterbricht er die Gespräche seiner Freunde mit unsinnigen Bemerkungen. Die beiden neuen Freunde lesen sich gegenseitig Gedichte vor. Als John aus *Romeo and Juliet* rezitiert, ist Helmholtz von der Sprache begeistert. Die Idee, dass eine Frau verzweifelt ist, weil sie einen Mann nicht haben kann, und das Auftreten von Eltern in Shakespeares Stück sind ihm jedoch völlig fremd. Zu Johns Entsetzen bricht er in lautes Gelächter aus.

Kapitel XIII (Seite 163–173)

Lenina ist entgegen ihrer eigentlichen Art – und entgegen den Vorschriften der Neuen Welt – niedergeschlagen und trifft sich nicht mehr mit Männern. ("She would have laughed, if she hadn't been on the point of crying", S. 164.) Dies wirkt sich sogar auf ihre Arbeit aus; sie ist unkonzentriert und macht Fehler. Den Vorschlag ihrer Freundin Fanny, sich einer ärztlichen Behandlung zu unterziehen, lehnt sie ab. Deren Rat, wenigstens selbst die Initiative zu ergreifen, kann sie nur nach Einnahme von Soma befolgen.

Als Lenina vor Johns Tür steht, ist er wie vom Blitz getroffen, denn er hat Helmholtz erwartet. Auf ihre Frage, ob er sich nicht freue, sie zu sehen, ergreift er ihre Hand und küsst sie voller Bewunderung. Er versucht ihr klarzumachen, dass er sich ihrer erst würdig erweisen müsse. Im Reservat brächten junge Männer ihrer Angebeteten das Fell eines Löwen. Lenina versteht aber überhaupt nicht, was John ausdrücken will. Als er ihr seine Liebe gesteht, ist er selbst schockiert, denn das hätte er noch nicht tun dürfen. Lenina dagegen ist hocherfreut, umarmt ihn und beginnt, sich auszuziehen. Doch statt ihr Ziel zu erreichen und mit John zu schlafen, löst sie bei ihm einen Wutanfall aus. In rasendem Zorn schlägt er sie und beschimpft sie: "Whore! Impudent strumpet!" (S. 170) Lenina flieht ins Bad und John läuft wutentbrannt im Zimmer nebenan auf und ab. Während Lenina noch überlegt, wie lange sie wohl würde ausharren müssen, erhält John einen Anruf vom Krankenhaus, in dem Linda sich befindet. Ihr Zustand hat sich verschlechtert, sodass John sich sofort auf den Weg zu ihr macht. Mit äußerster Vorsicht schleicht Lenina aus der Wohnung.

Kapitel XIV (Seite 174–182)

Im *Park Lane Hospital for the Dying* werden den Menschen der Neuen Welt ihre letzten Stunden möglichst angenehm gemacht. Der Raum für die Patienten, deren Tod unmittelbar bevorsteht, ist von Sonnenlicht durchflutet, angenehme Musik erklingt, jeder Patient hat einen Fernseher und alle 15 Minuten wird der Raumduft gewechselt. In dieses Arrangement platzt nun John herein, der zu seiner Mutter eilt. Die diensthabende Krankenschwester tadelt ihn wegen seines Auftretens. Derartiges kommt normalerweise nicht vor. John setzt sich an Lindas Bett und weint. Er erinnert sich an schöne Momente aus seiner Kindheit, dann aber wird er jäh aus seinen Gedanken gerissen. Eine große Gruppe achtjähriger identischer Jungen betritt den Raum, um eine Lektion in der Todes-Konditionierung zu erhalten. Bereits in jungen Jahren lernen die Kinder, dass der Tod nichts Negatives ist. Linda zieht das Interesse der Jungen geradezu magisch an, jemanden wie sie haben die Kinder noch nie gesehen. John reagiert wütend und vertreibt die Kinder. Nun muss er immer wieder an all das Negative denken, das er im Reservat erlebt hat. Zu Johns Entsetzen erkennt Linda in den wenigen wachen Augenblicken ihren Sohn nicht mehr, sondern spricht ihn als Popé an. Rasend vor Wut packt John seine Mutter und schüttelt sie. Er glaubt, sie getötet zu haben und will Hilfe holen. Doch als er mit der Krankenschwester zu Lindas Bett kommt, ist sie bereits verstorben. John wirft sich auf den Boden und weint hemmungslos. Die Kinder können nur mit Schokokeksen von diesem Anblick weggelockt werden. Die Krankenschwester macht sich ernsthafte Sorgen um den Erfolg der Konditionierung. Einige von ihnen kehren mit den Keksen in der Hand an Lindas Bett zurück. Als sie fragen, ob Linda tot sei, kommt John wieder zur Besinnung. Er wird ganz ruhig und geht langsam aus dem Raum. Dabei stößt er einen der Jungen, die ihm nachlaufen, wortlos zu Boden.

Kapitel XV (Seite 183–190)
Auf dem Weg aus dem Krankenhaus trifft John in der Vorhalle auf eine Gruppe von 162 Deltas, die gerade ihre Schicht beendet haben und nun auf die Verteilung der täglichen Soma-Ration warten. Gedankenverloren läuft er durch diese beiden Bokanovsky-Gruppen identischer Frauen und Männer und stößt dabei mit einigen zusammen. Durch deren ärgerliche Äußerungen wird er in die Realität zurückgeholt. Immer wieder muss er an ein Shakespeare-Zitat denken ("How many goodly creatures are there here! […] How beateous mankind is! O brave new world", S. 184), das ihm angesichts der ihn umgebenden Deltas, die wie Vieh auf die Fütterung warten, wie Hohn in den Ohren klingt. Als die Verteilung der Droge beginnen soll, handelt John aus einem Impuls heraus. Er spricht die Deltas an und versucht sie davon zu überzeugen, dass Soma Gift für sie ist.

Die Nachricht von Johns Auftreten erreicht auch Bernard und Helmholtz, die zum *Park Lane Hospital* eilen und dort Zeugen eines ebenso flammenden wie nutzlosen Appells werden, mit dem John die Deltas aufzurütteln versucht. Deren Unruhe steigt bedrohlich an, als sie sehen, wie John ihre Soma-Ration aus dem Fenster wirft. Bernard ist geschockt, Helmholtz hingegen bahnt sich einen Weg durch die Menschenmenge und hilft John. Während die Deltas wutentbrannt auf die beiden losgehen, ist Bernard hin- und hergerissen zwischen seiner Angst vor möglichen Konsequenzen und dem Bestreben, seinen Freunden beizustehen. Die Entscheidung wird ihm abgenommen, da die Polizei eintrifft und sofort beginnt, die Menge mit Soma-Spray und einer tiefen Stimme vom Band zu beruhigen. Nach zwei Minuten herrscht Ruhe, die Deltas liegen sich weinend in den Armen.

Helmholtz und John lassen sich bereitwillig abführen, Bernard hingegen versucht, sich davonzustehlen, wird aber von einem Polizisten erkannt. Da er nicht leugnen kann, mit den beiden Gefangenen befreundet zu sein, muss er mitkommen.

Kapitel XVI (Seite 191–202)

Die drei finden sich in Mustapha Monds Arbeitszimmer wieder. Während sie auf den Weltkontrolleur warten, inspiziert John den Raum. Bernard hingegen ist grün im Gesicht und wählt gezielt den unbequemsten Stuhl, in der Hoffnung, auf diese Weise Mustapha Mond etwas besänftigen zu können. Im Gespräch mit dem Weltkontrolleur äußert John seine Meinung offen. Zu seiner Verwunderung erfährt er, dass auch der Weltkontrolleur Shakespeare gelesen hat. Er mache die Gesetze, also könne er sie auch brechen – so seine Begründung. Shakespeare ist wie alles Alte in der Neuen Welt verboten. Die Menschen sollen lieber neue Produkte konsumieren, außerdem wären sie gar nicht in der Lage, Shakespeares Dramen zu verstehen. ("[...] You can't make tragedies without social instability. The world's stable now", S. 193.) Mond gesteht, dass die Werke Shakespeares besser seien als alles, was in der Neuen Welt geschaffen wird. Die Kontrolleure hätten sich jedoch entscheiden müssen zwischen dem Glück der Menschheit auf der einen und hoher Kunst auf der anderen Seite.

John äußert seine Abscheu gegenüber Bokanovsky-Gruppen und fragt, warum nicht ausschließlich Alpha-Plus geschaffen werden. Mond schildert daraufhin ein Experiment, bei dem 22 000 Alphas auf Zypern angesiedelt wurden. Nach kurzer Zeit brach ein Bürgerkrieg aus, da sich niemand unterordnen oder niedere Arbeiten übernehmen wollte. Schließlich baten sie die Weltkontrolleure, wieder die Kontrolle zu übernehmen. Daran werde die ideale Gesellschaftsstruktur deutlich, bei der acht Neuntel der Bevölkerung wie bei einem Eisberg unter der Wasseroberfläche seien.

Nach Mond muss Wissenschaft klar begrenzt werden, da sie sonst die Stabilität gefährden könne. Mond kann in dieser Hinsicht aus erster Hand berichten, war er doch selbst einst ein äußerst fähiger Wissenschaftler. Ihm wurde klar, wie eingeschränkt die Wissenschaft in der Neuen Welt ist. Da er sich damit nicht abfinden wollte und verbotene Forschung betrieb, wurde ihm die Verbannung auf eine Insel angedroht. Diese Worte treffen Bernard ins Mark. Voller Verzweiflung wirft er sich vor dem Weltkontrolleur auf die Knie und fleht ihn an, ihn nicht zu verbannen; schließlich sei alles Johns und Helmholtz' Schuld. Seine Verzweiflung ist so groß, dass er schließlich aus dem Raum gebracht werden muss.

Mustapha Mond findet, eine Verbannung sei eigentlich eine Belohnung, wenn man bedenke, wie viele interessante Leute man dort treffe. Auf Helmholtz' Frage, warum er dann nicht auf einer Insel gelandet sei, antwortet der Weltkontrolleur, er sei vor die Wahl gestellt worden, in die Verbannung zu gehen oder die Laufbahn eines Kontrolleurs einzuschlagen. Er habe sich dafür entschieden, dem Glück anderer zu dienen. Helmholtz bietet er an, sich einen Verbannungsort auszusuchen. Dieser wählt die Falkland-Inseln, da er in diesem rauen Klima besser schreiben könne.

Kapitel XVII (Seite 203–212)

Helmholtz verlässt den Raum, um nach Bernard zu sehen. John bleibt zurück und spricht mit Mustapha Mond. Der Weltkontrolleur hat eine Vielzahl verbotener Bücher in seinem Safe, neben Werken von Shakespeare auch die Bibel und andere religiöse Schriften. Er liest einige Passagen aus diesen Büchern vor, die sich mit der Existenz Gottes befassen. Seiner Meinung nach wird Gott in der Neuen Welt nicht mehr benötigt. Die Menschen besäßen ewige Jugend und seien niemals einsam. Sie erlitten keine Verluste mehr, für die sie eine Kompensation in der Religion suchen müssten. Gott existiere zwar, jedoch als Abwesender. ("The gods are just. […] But their code of law is dictated, in the last resort, by the people who organize society", S. 208.) Die moderne Zivilisation sei weder nobel noch heroisch, wie von

John gefordert. Es gebe keine Leidenschaft mehr, weil diese gleichbedeutend mit Instabilität sei. Die erforderlichen Adrenalinstimulationen würden durch monatliche „V.P.S. (= Violent Passion Surrogate) treatments“ (S. 211) sichergestellt.

John lässt sich nicht von den Vorzügen der Neuen Welt überzeugen und fordert für sich das Recht, unglücklich zu sein. Nach Mustapha Monds Ansicht reklamiert er damit auch das Recht, alt und hässlich zu werden, das Recht auf Krankheit und Hunger, das Recht, sich vor dem Morgen zu fürchten und von unbeschreiblichen Schmerzen jedweder Art gequält zu werden. John stimmt ihm zu, was den Weltkontrolleur zu der Feststellung veranlasst, wenn er das unbedingt wolle, könne er es haben.

Kapitel XVIII (Seite 213–229)

Am nächsten Tag treffen sich Bernard, Helmholtz und John, um Abschied zu nehmen. John hat nach dem Vorbild der Indianer Senf mit warmem Wasser getrunken, um sich zu reinigen, denn er fühlt sich von der Zivilisation vergiftet. Bernard ist nun deutlich gefasster und entschuldigt sich für sein Verhalten am Vortag. Trotz ihrer harten Strafe sind die drei glücklich, weil sie ihre Liebe zueinander spüren. John versuchte vergeblich, von Mond die Erlaubnis zu erhalten, seine beiden Freunde zu begleiten. Der Weltkontrolleur möchte mit dem Experiment – ein Mensch aus dem Reservat in der Neuen Welt – fortfahren.

Dies widerspricht jedoch Johns Vorstellungen. Er will allein sein, fern der verhassten Zivilisation. Als Rückzugsort findet er einen verlassenen Leuchtturm. John deckt sich mit Vorräten und Werkzeugen ein. Die erste Nacht durchwacht er betend und kniend, bis die dadurch verursachten Schmerzen kaum noch auszuhalten sind. In den folgenden Tagen stürzt er sich mit Eifer in die Arbeit und fertigt Pfeile und Bogen an. Als er merkt, dass ihm diese Beschäftigung Freude bereitet, erschrickt er – schließlich ist er an diesem Ort, um Buße zu tun. Er greift wieder auf das bewährte Mittel zur Selbstreinigung zurück. Diesmal geht er jedoch noch weiter und kasteit sich mit einer Peitsche. Dabei beobachten ihn drei Delta-Landarbeiter, die zufällig vorbeikommen. Drei Tage später wird John von aufdringlichen Reportern bedrängt ("like turkey buzzards settling on a corpse, the reporters came", S. 219), die er mit körperlicher Gewalt vertreibt.

Nachdem ein reißerischer Artikel über John erschienen ist, strömen noch mehr Journalisten zum Leuchtturm. Erst als John sehr aggressiv wird, kehrt für einige Tage Ruhe ein. Als John im Garten arbeitet, muss er an Lenina denken. Wieder sieht er nur einen Ausweg, sich von diesen Bildern zu reinigen. In der Hoffnung auf spektakuläre Aufnahmen von John hatte sich jedoch ein Reporter bereits seit drei Tagen im Wald versteckt. Voller Begeisterung filmt er die erneute Selbstgeißelung.

Nun kommen die Menschen in Scharen zum Leuchtturm. Sensationslüstern fordern sie John auf, zur Peitsche zu greifen. Der versteht nicht, was die Massen von ihm wollen. Dann landet ein weiterer Helikopter, dem Lenina entsteigt. Sie spricht zu John, der sie aufgrund des Lärms aber nicht hören kann. Sie geht mit ausgestreckten Armen in seine Richtung, doch rasend vor Wut stürzt John sich auf sie. Er schlägt mit der Peitsche auf sie ein und bezeichnet sie als Hure. Die Menschenmenge ahmt Johns Armbewegungen nach, alle geben sich dieser orgiastischen Stimmung hin. Wie beim *Solidarity Service* brechen sie in den Gesang *Orgy-porgy* aus. Dieser Aufruhr dauert bis nach Mitternacht. Erschöpft und betäubt von Soma schläft John schließlich im Freien ein. Als er spät am nächsten Tag aufwacht, wird er von der furchtbaren Erinnerung überwältigt.

Am Abend ist der Ansturm der Helikopter ins Unermessliche gewachsen. Die Menschen strömen herbei, angelockt durch die Beschreibung der Ereignisse des Vorabends. Sie eilen zum Leuchtturm, dessen Tür offen steht, und rufen nach John, erhalten jedoch keine Antwort. Er hat sich erhängt.

Textanalyse und Interpretation

1 Figuren

Das Figurenrepertoire in *Brave New World* ist sehr begrenzt, da Huxley bestimmte **Ideen** verdeutlichen will *(novel of ideas)* und nicht die Entwicklung einer Figur. So gibt es zahlreiche Figuren, die nur in einer einzigen Situation und in Verbindung mit einer der Hauptfiguren auftreten – wie z. B. die Mitglieder der Gruppe beim *Solidarity Service* (Bernard) oder Kiakimé (John).

Gammas, Deltas und Epsilons treten fast immer nur in Gruppen auf und sind, aufgrund des Bokanovsky-Prozesses, nicht zu unterscheiden. Die wenigen Ausnahmen – der Fahrstuhlportier, der Pilot im Reservat und der Butler des Weltkontrolleurs – werden ebenfalls nicht als Individuen erkennbar, man erfährt noch nicht einmal ihre Namen. Der Roman beschreibt fast ausschließlich Figuren aus den beiden oberen Kasten, doch auch hier sind kaum Entwicklungen im Laufe des Romans erkennbar.[1]

John Savage

John ist einer der **Protagonisten** des Romans, auch wenn er dem Leser erst in Kapitel VII begegnet. Als Sohn von Eltern aus der Neuen Welt ist er in einem Reservat aufgewachsen und gehört keiner der beiden Welten richtig an. Dies zeigt sich in zahlreichen Begebenheiten aus seiner Kindheit und Jugend. Bereits durch sein Aussehen (hellere Haut und Haare als die Indianer) wird er zum **Außenseiter**. Er tut alles Erdenkliche, um im Pueblo akzeptiert zu werden, hat aber damit letztlich keinen Erfolg. Die anderen Kinder beschimpfen ihn (vgl. S. 112), seine Liebe zu Kiakimé bleibt unerfüllt (vgl. S. 117), sogar von zentralen Riten wie dem Initiationsritus, durch den die Jungen in die Gemeinschaft der Männer eingeführt werden, wird John ausgeschlossen (vgl. S. 117–119).

Das Verhältnis zu seiner **Mutter** ist ebenfalls problembehaftet. Er liebt sie sehr, sie hingegen kann diese Liebe nur begrenzt erwidern. Durch ihre Konditionierung erscheint ihr bereits der bloße Gedanke, einen Sohn zu haben, absonderlich. Sie ist zudem in keiner Weise auf diese Rolle vorbereitet worden. Sie ist vollauf mit sich selbst und ihrem grundlegend veränderten Leben beschäftigt, sodass sie sich oft längere Zeit gar nicht um John kümmert (z. B. S. 110). Auch die Promiskuität, die Linda aufgrund ihrer Konditionierung auch im Reservat ausleben will, führt zu Problemen. Unbewusst macht sie sich so die Frauen des Reservats zu Feinden und verhindert ihre und Johns Integration. John hasst die Liebhaber seiner Mutter so sehr, dass er sogar versucht, einen von ihnen (Popé) zu ermorden (vgl. S. 114/115). Andererseits genießt er es, wenn Linda ihm von der Neuen Welt erzählt und ihm vorsingt – in der Regel hypnopädische Verse.

Angesichts dieser Umstände kann es nicht überraschen, dass Johns **Ideenwelt** eine undifferenzierte Mischung unterschiedlichster Überzeugungen ist. Zum einen hinterlassen Lindas Erzählungen einen tiefen Eindruck, nicht zuletzt, weil sie die Neue Welt von ihrer unkritischen Warte aus wie ein Paradies schildert, das John äußerst erstrebenswert erscheint. Auf tiefer gehende Fragen hat Linda jedoch nie eine Antwort.

Beeinflusst wird John auch durch die weisen Männer des Dorfes, deren Gedankenwelt eben nicht an der Oberfläche bleibt. John wird stark geprägt von der **Religion** und den **Mythen und Sagen der Indianer**, die wiederum für sich genommen bereits eine Vermengung unterschiedlichster Traditionen und Glaubensüberzeugungen darstellen.

Eine dritte Einflussquelle bilden die **Werke Shakespeares**[2], die Lindas Liebhaber Popé mitbrachte. In Lindas Augen sind die

Texte zwar völlig unzivilisiert und unsinnig, für Leseübungen aber dennoch geeignet. John hingegen ist sofort von der Magie der Sprache gefangen. Auch wenn er nicht alles versteht, so haben die Worte Shakespeares doch eine bezaubernde Wirkung auf ihn. Dies zeigt sich beispielsweise beim Mordversuch an Popé, als er im Kopf immer wieder Passagen aus Shakespeares Stücken wiederholt. Es ist auch ein Shakespeare-Zitat, mit dem John seiner Begeisterung über Bernards Angebot, ihn und Linda mit in die Neue Welt zu nehmen, Ausdruck verleiht: „O brave new world that has such people in it." (S. 121)

Schnell zeigt sich, dass Johns Ausruf der Freude unangebracht war. Weder entspricht die **Neue Welt** Lindas enthusiastischen Schilderungen noch gelingt es John dort, aus seiner Außenseiterrolle auszubrechen. Die erste und einzige Begegnung mit seinem **Vater** endet in einer Katastrophe, denn für den DHC ist das Konzept der Elternschaft genauso fremd wie zuvor für Linda (vgl. S. 131/132).

John steht der Droge **Soma** sehr ablehnend gegenüber, denn für ihn kommt es nicht infrage, vor Problemen oder unangenehmen Empfindungen davonzulaufen. Seine Abneigung bricht sich Bahn, als er – aufgewühlt durch den Tod seiner Mutter – Zeuge der Verteilung der täglichen Soma-Ration an die Delta-Mitarbeiter des Krankenhauses wird. Er löst einen Tumult aus, als er die Pillen aus dem Fenster wirft, doch nichts kann ihn daran hindern, gemäß seinen Überzeugungen zu handeln.

Das **Leben in der Neuen Welt** in seiner Gesamtheit stößt auf Johns **Ablehnung**. In der Fabrik für Helikopterlampen muss er sich beim Anblick der identischen Gammas, Deltas und Epsilons übergeben (vgl. S. 139). Die Unterrichtsstunde in Eton, in der die Schüler über die Bilder aus dem Reservat lachen, ist für ihn sehr schmerzhaft (vgl. S. 141). Der Umgang mit dem Tod eines Menschen passt gleichfalls nicht in sein Weltbild. Neugierige, fröhliche Kinder stören ihn in der Trauer um seine Mutter und machen ihn wütend (vgl. S. 174–182). Seine Ablehnung der Gesellschaft und des Staates führt auch dazu, dass er Bernard, dem er seinen Aufenthalt in der Neuen Welt überhaupt erst zu verdanken hat, nicht mehr helfen will, indem er als die Hauptattraktion von Bernards Partys auftritt (vgl. S. 150/151).

Noch größere Probleme bereitet ihm indes die im Weltstaat propagierte und allseits praktizierte Promiskuität. Seine Vorstellung von **Liebe**, die geprägt ist vom Leben im Reservat und von der Lektüre Shakespeares, steht dazu im Gegensatz. In seinen Augen muss er sich Lenina, in die er sich bei ihrer ersten Begegnung verliebt hat, zunächst würdig erweisen. Im Reservat hätte er ein wildes Tier für sie erlegt, in der Neuen Welt bietet er ihr an, niedere Arbeiten für sie zu übernehmen. Lenina kann weder Johns Zurückhaltung noch sein Konzept von Liebe verstehen. Sie ist verwirrt, dass er nicht wie jeder andere Mann sofort mit ihr schlafen will, und führt das auf mögliche Unzulänglichkeiten ihrerseits zurück. Beim gemeinsamen Kinobesuch sieht sie ihre Chance endlich gekommen. Doch nicht genug, dass John den Film abstoßend findet, er kommt anschließend auch nicht mit in ihre Wohnung. John sieht sich und Lenina wie Shakespeares Romeo und Julia. Einfach mit der geliebten Frau ins Bett zu gehen, ist für ihn unvorstellbar. Entsprechend aggressiv reagiert er, als Lenina, in grundlegender Fehlinterpretation seiner Worte, sich vor ihm auszieht. Damit stellt sie sich in seinen Augen auf die Stufe einer Hure. Außer sich vor Zorn schlägt er auf sie ein und beschimpft sie (vgl. S. 167–172).

In **Helmholtz Watson** findet John eine **verwandte Seele** – bis zu einem gewissen Grade. Sie verstehen sich auf Anhieb so gut, dass Bernard eifersüchtig wird. Doch ihre Herkunft und damit ihr unterschiedliches Wertesystem setzt diesem Verhältnis Grenzen: Als John aus Shakespeares Gedicht „The Phoenix and Turtle“ und aus *Romeo and Juliet* vorliest, ist Helmholtz von der Sprache zunächst begeistert. Julias Verzweiflung nach der Trennung von Romeo ist Helmholtz jedoch so fremd, dass er lauthals lachen muss – sehr zu Johns Verärgerung (vgl. S. 159–162).

Vor **Mustapha Mond** hat John keine Angst. Er sieht in ihm vielmehr einen der wenigen Menschen der Neuen Welt, die es wert sind, sich mit ihnen abzugeben. Die Argumente des Weltkontrolleurs können ihn aber nicht überzeugen. Er bleibt seinen eigenen Vorstellungen treu und geht sogar so weit, das Recht auf Unglücklichsein für sich zu fordern (S. 192–212).

Diese **konsequente Haltung** hält John bis zum Ende durch. Anstatt sich den Gegebenheiten in der Neuen Welt anzupassen und sich damit in seinen Augen zu korrumpieren, versucht er zu fliehen, indem er sich in dem verlassenen Leuchtturm sein eigenes kleines Reich schafft. Um sich von den Verschmutzungen, die er im Weltstaat erlitten hat, zu reinigen, trinkt er Wasser mit Senf und geißelt sich mit einer Peitsche. Als er jedoch erkennen muss, dass diese Flucht unmöglich ist, wählt er den einzigen für ihn möglichen Weg und begeht Selbstmord (S. 213–229).

Insgesamt erscheint John auf den ersten Blick als die Figur, die der **Lebenswelt des Lesers am nächsten** ist. Doch schnell wird klar, dass auch er kritisch gesehen werden muss. Seine Weltsicht ist eine unreflektierte Mischung unterschiedlichster, auch archaischer Elemente, sodass eine vollständige Identifikation des Lesers mit dieser Figur nicht gelingt. Zudem ist auch bei John **keine Entwicklung** festzustellen. Bei allen Konflikten, die er zu bewältigen hat, bleibt er sich und seinen Überzeugungen treu. Aus diesem Grunde kann man ihn auch nicht als einen *round character* (– komplexe Figur) bezeichnen.

Bernard Marx

Bereits durch seine **äußere Erscheinung** wird Bernard in die Rolle des Außenseiters gedrängt. Obwohl Alpha-Plus, besitzt er nur die Statur eines durchschnittlichen Gamma-Mannes und ist viel zu klein und schmächtig. Begegnungen mit Mitgliedern untergeordneter Kasten sind für ihn schwierig, da die Menschen darauf konditioniert sind, die gesellschaftliche Stellung mit der Körpergröße zu assoziieren (vgl. S. 54–56).

Noch schwieriger gestaltet sich sein **Verhältnis zu Frauen**. Bernard ist sehr schüchtern und traut sich nur selten, Frauen direkt anzusprechen, aus Angst, dass sie ihn wegen seines Äußeren auslachen. Auch damit weicht er von den Normen des Weltstaates ab, die ja gerade die uneingeschränkte Promiskuität fordern. Im dritten Kapitel wird der Leser Zeuge von Bernards hasserfüllter Reaktion auf das freizügige Gespräch zwischen Henry Foster und dem *Assistant Predestinator*, die sich über Frauen im Allgemeinen und Lenina im Besonderen unterhalten. Er selbst brachte erst nach einigen Wochen den Mut auf, Lenina zu fragen, ob sie ihn auf seiner Reise ins Reservat begleiten möchte. Doch sogar ihre Zusage ist ihm unangenehm, weil sie in aller Öffentlichkeit erfolgt (vgl. S. 49–55).

Abweichungen von der Norm zeigen sich bei Bernard auch darin, dass er oft alleine sein möchte und große Menschenansammlungen meidet. Beliebte Freizeitaktivitäten wie elektromagnetisches Golf sind ihm verhasst. Stattdessen möchte er lieber mit Lenina im Lake District wandern – erneut ein krasser Gegensatz zu den allgemein akzeptierten Normen. An ihrem ersten gemeinsamen Abend schaltet Bernard über dem Ärmelkanal den Propeller seines Helikopters aus, um im Dunkeln die Wellen bewundern zu können. Er philosophiert, wie es wohl wäre, frei zu sein (vgl. S. 76–79). Der alle 14 Tage stattfindende *Solidarity Service* ist für Bernard immer sehr unangenehm. Während die anderen Teilnehmer in Ekstase geraten, fühlt Bernard nichts, so sehr er sich auch bemüht. Der *Solidarity Service* bewirkt bei ihm das Gegenteil der eigentlichen Zielsetzung: Statt in der Gemeinschaft der anderen aufzugehen, wird Bernard seine Isolation nur noch deutlicher vor Augen geführt (vgl. S. 67–74).

Zu Bernards herausragenden Charaktereigenschaften zählt sein Hang zur **Angeberei**, eine Angewohnheit, die sein Freund Helmholtz als unangenehm empfindet (vgl. S. 85). Zudem spielt er beispielsweise Lenina gegenüber gerne den **Provokateur** (S. 78/79, 95/96).

Die Drohung des DHC, Bernard mit Verbannung zu bestrafen, wenn er sein Verhalten nicht ändere, lässt diesen unbeeindruckt. Mehr noch, als er das Büro des Direktors verlässt, fühlt er sich in Hochstimmung. Doch schon kurz darauf ist sein plötzlicher Mut wie weggeblasen. Die Nachricht, dass der Direktor ihn tatsächlich verbannen will, wirft ihn völlig aus der Bahn. Er ist so niedergeschlagen, dass er sich von Lenina überreden lässt, vier Tabletten Soma zu schlucken (vgl. S. 89/90). Andererseits erkennt er sofort, welche Möglichkeiten zur Rache sich ihm durch John und Linda auf einmal eröffnen (vgl. S. 101).

Mit **John** tritt eine **grundlegende Veränderung** in Bernards Leben ein. Gleichsam über Nacht wird er zu einem anerkannten Mitglied der Gesellschaft. Weil alle den *Savage* sehen wollen, dies aber nur durch Bernard möglich ist, steigt er enorm in der Gunst seiner Mitmenschen. Es ist für Bernard kein Problem mehr, so viele Frauen zu bekommen, wie er möchte. Plötzlich fühlt er sich äußerst wohl in der Neuen Welt; nichts ist geblieben von seinen geradezu depressiven Gedanken. Aber selbst jetzt kommt seine manische Selbstsucht durch; immer noch äußert er Kritik am System, nun jedoch um der Kritik willen, denn dadurch fühlt er sich größer und wichtiger (S. 136/137). Diese Veränderungen bedeuten jedoch nicht, dass die Figur einen Wandel durchläuft. Vielmehr zeigt Bernard jetzt sein wahres Gesicht. Der Widerstand gegen den Weltstaat beruht nicht auf prinzipiellen Erwägungen, sondern entstand lediglich aus dem Gefühl der eigenen Unzulänglichkeit:

Success went fizzily to Bernard's head, and in the process completely reconciled him [...] to a world which, up till then, he had found very unsatisfactory. In so far as it recognized him as important, the order of things was good. (S. 136)

Dies wird umso deutlicher, wenn man Bernards Reaktion betrachtet, als er erneut in Ungnade fällt. Nachdem John sich weigert, Bernards Gäste zu empfangen, wird dieser von den wichtigsten Leuten in der Gesellschaft geächtet und fühlt sich schlechter als je zuvor. Bernard lässt jedoch auch selbst seine Freunde im Stich. Statt ihnen während des Tumultes im *Park Lane Hospital* zu helfen, versucht er, sich davonzustehlen. Als der Weltkontrolleur davon spricht, dass er selbst auf eine Insel hätte verbannt werden sollen, bricht Bernard zusammen. Um Gnade winselnd, wirft er sich vor Mustapha Mond auf die Knie und kann nur durch Soma ruhiggestellt werden (vgl. S. 199). Erst am Ende des Romans gewinnt Bernard ein gewisses Maß an Würde und kann seinem Schicksal ins Auge sehen (vgl. S. 214).

Helmholtz Watson

Helmholtz ist dem **Äußeren** nach ein typischer Alpha-Plus. Er ist groß, sportlich, muskulös, hat ein markantes Gesicht und ist ein unermüdlicher Liebhaber. Er arbeitet als Dozent am *College of Emotional Engineering*, zudem verfasst er Beiträge für Radiosendungen, entwirft Drehbücher für *Feelies* und besitzt großes Geschick bei der Formulierung von Slogans und hypnopädischen Reimen (S. 57/58).

Mit **Bernard** verbindet ihn **Freundschaft**. Deshalb lassen ihn dessen Schwächen auch nicht unberührt. Sowohl Bernards Verfolgungswahn (vgl. S. 60/61) als auch dessen Angeberei und Selbstmitleid (S. 85/86) sind Eigenschaften, die er hasst, gerade weil er ihm wichtig ist. Er lässt sich auch nicht davon beirren, dass Bernard ihm im Hochgefühl seiner plötzlichen gesellschaftlichen Bedeutung die Freundschaft aufkündigt (vgl. S. 136). Ohne einen Vorwurf nimmt er ihn nach dessen Sturz als Freund wieder an. Auch nach Bernards Zusammenbruch in Mustapha

Monds Arbeitszimmer ist es Helmholtz, der sich um ihn kümmert (vgl. S. 202, 214).

Mit **John** versteht Helmholtz sich auf Anhieb. Die beiden scheint gleichsam eine **Seelenverwandtschaft** zu verbinden, doch ihre Herkunft aus unterschiedlichen Welten stellt eine unüberwindbare Grenze dar. Helmholtz ist aufgrund seiner Konditionierung nicht in der Lage, Johns Begeisterung für *Romeo and Juliet* komplett zu teilen (vgl. S. 159–162).

In einem Gespräch mit Bernard berichtet Helmholtz von einem merkwürdigen **Gefühl**, das ihn manchmal ereilt. Er spüre, dass er etwas Wichtiges zu sagen habe und auch die Fähigkeit, dies auszudrücken, nur wisse er nicht, was es sein könnte. Ihm reicht es nicht, gute Slogans zu verfassen, er möchte damit auch etwas Gutes erreichen. "Can you say something about nothing?" (S. 59/60) – mit dieser Frage fasst er sein Dilemma zusammen. Erst als er ein Gedicht über die Einsamkeit schreibt, fühlt er sich besser. Nun merkt er, dass er so seine Intelligenz richtig zum Einsatz bringen kann. Obwohl er von seinen Studenten angezeigt wird, da dieses Gedicht den fundamentalen Grundsätzen des Staates zuwiderläuft, wirkt Helmholtz erstmals vollauf glücklich (S. 157–159). Er hat keine Angst vor den Folgen seines Handelns. Dies zeigt sich auch im *Park Lane Hospital,* wo er John gegen die Delta-Mitarbeiter des Krankenhauses ohne zu zögern zu Hilfe eilt: "And with a laugh [...] Helmholtz Watson pushed his way through the crowd." (S. 187)

Auch von Mustapha Mond lässt er sich nicht einschüchtern (vgl. S. 193/194, 199/200). Anders als Bernard wirft ihn die sichere **Verbannung** nicht aus der Bahn. Helmholtz wählt sogar bewusst die Falkland-Inseln als Verbannungsort, eine Gegend mit rauem Klima, weil er der Überzeugung ist, dort besser schreiben zu können als beispielweise in einer angenehmen tropischen Umgebung (vgl. S. 201/202).

Insgesamt ist bei Helmholtz hervorzuheben, dass er **bewusst** von den Normen der Neuen Welt **abweicht**. Er ist auf der Suche nach etwas Neuem, nach Erfüllung, die er innerhalb der Regeln des Weltstaates nicht finden kann.

Mustapha Mond

Der *Resident Controller for Western Europe*, einer von zehn Weltkontrolleuren, hat eine tiefe, volltönende Stimme. Von seiner **äußeren Erscheinung** her wird er beschrieben als „a man of middle height, black-haired, with a hooked nose, full red lips, eyes very piercing and dark“ (S. 28). In seiner **Funktion** erläutert er den Studenten wesentliche Elemente des Staates und seine Geschichte (vgl. S. 29–37). Eine seiner Aufgaben ist es, neue wissenschaftliche Bücher zu prüfen und über deren Veröffentlichung zu entscheiden. So lehnt er z. B. die Publikation eines Werkes mit dem Titel *A New Theory of Biology* ab, da die darin vorgebrachten Positionen zu gefährlich für den Weltstaat sind. Er tut dies jedoch nicht ohne Bedauern (vgl. S. 154/155). Nur mit Monds Erlaubnis ist es Bernard möglich, John und Linda mit in die Neue Welt zu nehmen, ihm muss Bernard über Johns Verhalten berichten.

Mustapha Monds **Wirkung** auf andere Figuren ist gleichfalls interessant. Mit einem einzigen Blick bringt er Bernard zum Schweigen (vgl. S. 192). Den DHC stürzt er in Verwirrung, als er ihm ironischerweise versichert, er werde die Studenten mit seinen Erklärungen schon nicht korrumpieren (vgl. S. 29/30).

Die Sorgen des DHC sind in **Gerüchten** begründet, die über den Weltkontrolleur kursieren: „strange rumours of old forbidden books hidden in a safe in the Controller's study. Bibles, poetry – Ford knew what.“ (S. 29) Wie sich im weiteren Verlauf zeigt, entsprechen diese Vermutungen der Wahrheit. Mond besitzt tatsächlich einige verbotene Bücher, die er auch gelesen hat (vgl. S. 203). Neben religiösen Schriften zählen dazu auch die

Werke Shakespeares. Er liefert dem überraschten John eine lapidare Erklärung: "It's prohibited, you see. But as I make the laws here, I can also break them." (S. 192)

Überhaupt erscheint der Weltkontrolleur weitaus **weniger linientreu**, als es seine Position erwarten lässt. Dies zeigt sich bereits in seiner Vorgeschichte. In jungen Jahren war er ein sehr fähiger Physiker, dem die Grenzen der offiziellen Wissenschaft sehr wohl klar waren und der bewusst dagegen verstieß. Vor die Wahl gestellt, in die Verbannung zu gehen oder in den Rat der Weltkontrolleure aufgenommen zu werden, entschied er sich für Letzteres – eine Entscheidung, die er immer wieder mit einem gewissen Bedauern betrachtet (vgl. S. 199–201). Ihm ist sehr wohl bewusst, dass die Menschheit einen hohen Preis für Stabilität und allgemeines Glück bezahlen muss:

> *[T]hat's the price we have to pay for stability. You've got to choose between happiness and what people used to call high art. We've sacrificed the high art. We have the feelies and the scent organ instead.* (S. 194)

Die Verbannung auf eine Insel sieht er nicht nur als Strafe, im Gegenteil, dort könne man viele interessante Menschen treffen. Er beneidet Helmholtz sogar ein wenig darum (vgl. S. 199/200). Auf dessen Entscheidung für einen unangenehmen Ort reagiert er in bezeichnender Weise – er differenziert zwischen seiner privaten und seiner offiziellen Meinung: "I like your spirit, Mr Watson. [...] As much as I officially disapprove of it." (S. 202) Diese Unterscheidung zeigt sich auch in seinem Verhalten John gegenüber. Auf der einen Seite diskutiert er mit ihm ausführlich über Religion und Zivilisation und zieht sich dabei keineswegs auf die offizielle Linie des Staates zurück. Er respektiert sogar Johns Haltung und unternimmt nicht den Versuch, ihn zu bekehren (vgl. S. 203–212). Auf der anderen Seite sieht er dessen Anwesenheit in der Neuen Welt als ein Experiment, das keinesfalls beendet werden dürfe (vgl. S. 214).

Lenina Crowne

Lenina ist eine der wenigen weiblichen Figuren, denen der Leser in *Brave New World* begegnet. Als Beta-Minus arbeitet sie im *Fertilizing Room* des *Central London Hatchery and Conditioning Centre*. Sie ist außergewöhnlich hübsch und wird von allen Männern als sehr „pneumatic" (z. B. S. 13, 37, 42, 80) bezeichnet, worauf sie auch selbst größten Wert legt. Die **Normen und Regeln** der Neuen Welt hat sie voll und ganz **verinnerlicht**. Zu jeder passenden und unpassenden Gelegenheit gibt sie hypnopädische Slogans von sich (z. B. "What a hideous colour khaki is", S. 53, oder "I'm glad I'm not a Gamma", S. 54). Somakonsum zählt zu ihren Gepflogenheiten, dennoch vergisst sie nicht die Verhütungsmaßnahmen, die sie als eine der noch fruchtbaren Frauen durchzuführen hat. Die Zustände im Reservat findet sie furchtbar. Was sie sieht, hört und riecht ist zu viel für sie, zumal sie das alles ohne Soma durchstehen muss (vgl. S. 92–100). Einzig einige Parallelen zur Neuen Welt, die sie zu entdecken glaubt – wie die Form der Hochebene, in der sie Ähnlichkeiten zum *Charing-T Tower* sieht, oder die Trommeln, die sie an *Solidarity Services* erinnern (vgl. S. 97) –, geben ihr etwas Sicherheit. Ansonsten stürzt die fremde Kultur sie in tiefe Verwirrung.

Leninas Interesse an **Bernard** stößt auf allgemeine Verwunderung. Mit ihrer Freundin Fanny gerät sie sogar in Streit darüber. Sie findet ihn süß und er erinnert sie an ein Haustier ("one would like to pet him", S. 39). Seine Schüchternheit, als sie ihn vor den anderen anspricht, findet sie zugleich merkwürdig und anrührend (vgl. S. 50). Der eigentliche Grund für Leninas Haltung ist jedoch ihr Wunsch, einmal ein Reservat zu besuchen, was nur wenigen Alpha-Plus erlaubt wird (vgl. z. B. S. 38, 41). Ihre erste Verabredung lässt Lenina aber sehr ernüchtert zurück, denn Bernards Verhalten passt überhaupt nicht in ihre Welt: "Odd, odd, *odd*, was Lenina's verdict on Bernard Marx." (S. 75)

Die einzige **Abweichung** in Leninas Verhalten betrifft den Bereich der Sexualität. So erfahren wir bereits sehr früh im Roman, dass sie seit ungefähr vier Monaten nur mit Henry Foster ausgeht – ein klarer Verstoß gegen die Regeln der Promiskuität (S. 33–35). In ihrer Beziehung zu **John** entfernt sie sich indes noch weiter von den Regeln des Staates. Bereits beim ersten Anblick findet sie ihn attraktiv. Ähnlich wie Bernard profitiert auch sie von Johns Anwesenheit in der Neuen Welt, denn nun wird sie für eine Reihe angesehener Männer interessant (S. 143/144). Doch dies kann sie nicht begeistern, denn sie interessiert sich nur noch für John. Seit sie ihn kennt, ist sie verunsichert, denn sie kann Johns Gefühle für sie nicht einschätzen. Als er nach dem Kinobesuch nicht mit ihr schläft, vergießt sie sogar Tränen, ein unerhörter Vorgang im Weltstaat (vgl. S. 143–149). Die Enttäuschung, als John sich weigert, Bernards Gäste – und damit auch sie – zu treffen, ist so groß, dass selbst die Ehre, mit dem *Arch-Community-Songster* ins Bett zu gehen, sie nicht aufheitern kann. Auf dem Weg nach draußen hält sie sogar kurz inne, um den Mond anzuschauen (vgl. S. 154). Dies zeigt das Ausmaß ihrer Verwirrung, ist es doch ein Verhalten, das sie an Bernard so störte (vgl. S. 78). Ihre Gefühle für John sind so stark, dass sie an nichts anderes mehr denken kann. Sogar bei ihrer Arbeit begeht sie einen folgenschweren Fehler (vgl. S. 164).

Fanny rät ihr, selbst aktiv zu werden. Daraufhin geht Lenina mit dem Entschluss zu John, endlich mit ihm zu schlafen. Seine Ausführungen über Liebe missversteht sie völlig und geht davon aus, dass er nun mit ihr ins Bett gehen möchte. Als sie sich auszieht, stürzt John sich auf sie, sodass sie nur noch ins Bad flüchten kann (S. 165–173). Auch am Ende des Romans ist Lenina nicht fähig, Johns Gedanken und Gefühle nachzuvollziehen. In Begleitung von Henry Foster fliegt sie zum Leuchtturm. Als sie John sieht, schlägt ihr Verlangen wieder durch und bringt sogar Tränen auf ihre Wangen. Mit ausgebreiteten Armen läuft sie auf

John zu, ohne zu ahnen, dass sie in seinen Augen immer noch eine Hure ist. Voller Entsetzen versucht sie schließlich, vor ihm davonzulaufen, stürzt jedoch zu Boden (vgl. S. 227). Fannys düstere Vorhersage hat sich somit bewahrheitet:

> *"One of these days," said Fanny, with dismal emphasis, "you'll get into trouble."* (S. 42)

Weitere Figuren

Der **DHC**, der Direktor des *Central London Hatchery and Conditioning Centre* führt die neuen Studenten durch das Zentrum und berichtet ihnen voller Begeisterung über die Errungenschaften seines Instituts. In seinem **Enthusiasmus** weckt er unabsichtlich sogar die Kinder auf, die gerade eine Lektion in Hypnopädie erhalten. Die Krankenschwestern behandelt er wie Untergebene, begriffsstutzigen Studenten gegenüber reagiert er scharf und auch beleidigend. Dagegen schätzt er das Engagement seines Mitarbeiters Henry Foster sehr. Wie Fanny berichtet, legt er großen Wert auf die Promiskuität der Angestellten des Zentrums (vgl. S. 34/35).

Beim unerwarteten Auftauchen des **Weltkontrolleurs** zeigt er sich unterwürfig: Er springt auf, läuft ihm mit ausgestreckten Armen und einem überschwänglichen Lächeln entgegen; die Studenten weist er auf die ungeahnte Ehre hin, die ihnen zuteilwird. Spielende Kinder, die Mond zu nahe kommen, scheucht er ungehalten weg. Auf der anderen Seite hat er Angst, dass der Weltkontrolleur den Studenten gegenüber unorthodoxe Gedanken äußern könnte, immerhin kursieren entsprechende Gerüchte über ihn. Monds Reaktion – Ironie und leichter Spott – verwirren den DHC (vgl. S. 28–30, 48). Dann ist er aber froh, dass der Weltkontrolleur sich an die Normen hält: "'Ford's in his flivver,' murmured the DHC. 'All's well with the world.'" (S. 37)

Als **Bernard** den Direktor aufsucht, um dessen Unterschrift unter den Reiseantrag ins Reservat zu erhalten, gibt dieser sich eine Weile Erinnerungen an seine eigene Reise hin. Dabei vergisst er Bernards Anwesenheit völlig. Als er dies merkt, fühlt er sich ertappt und richtet seinen Zorn nun gegen Bernard. Er droht ihm die Verbannung an, falls dessen Verhalten sich nicht ändere (vgl. S. 82–85). Wenig später setzt er diese Drohung in die Tat um. Er möchte an Bernard ein Exempel statuieren und will ihn vor zahlreichen Angestellten im Zentrum bloßstellen. Dieses Vorhaben misslingt jedoch gründlich, da Bernard Linda und John aus dem Reservat mitbringt. Als Linda ihm vor allen vorwirft "You made me have a baby" (S. 131) und John ihn mit „My father" (S. 132) anspricht, ist er der Lächerlichkeit preisgegeben und muss flüchten. Unmittelbar danach tritt er von seinem Posten zurück und begibt sich auf eine Soma-Reise, die auch am Ende des Romans noch anhält.

Der grundlegende Verstoß des DHC gegen die Regeln des Weltstaates kommt auch dadurch zum Ausdruck, dass von ihm lediglich der Vorname bekannt ist (Thomas bzw. Tomakin, vgl. S. 101, 130/131), was sonst – mit Ausnahme von Linda – nur auf die Bewohner des Reservats zutrifft.

Henry Foster, dem ein „brief and vigorous style" (S. 76) zugeschrieben wird, ist ein junger, blonder Alpha, der ebenfalls im Zentrum arbeitet und den **Enthusiasmus** des Direktors teilt. Seit ungefähr vier Monaten geht er regelmäßig mit Lenina aus, doch anders als diese hat er noch weitere Partnerinnen. Er sieht sie keineswegs als sein Eigentum an, sondern ermuntert seinen Kollegen geradezu, mit Lenina zu schlafen (vgl. z. B. S. 34/35). Alles, was er mit ihr unternimmt, **entspricht** den **Konventionen**. Selbst auf dem Flug mit ihr gibt er sein Wissen kund und erklärt ihr z. B. die Gewinnung von Phosphor bei der Verbrennung von Leichen oder das Wesen der Konditionierung (vgl. S. 63–65). Später bleibt ihm nicht verborgen, dass Lenina sich nicht wohlfühlt. Seine Anteilnahme beruht jedoch vor allem auf der Sorge, Lenina könnte sich möglicherweise mit einer der wenigen, noch existierenden ansteckenden Krankheiten infiziert haben. Da sie dies verneint, ist er beruhigt und rät ihr, eine *Violent Passion Surrogate*-Therapie zu durchlaufen – in völliger Unkenntnis, dass gerade ein Übermaß an Leidenschaft Leninas Problem ist (vgl. S. 163/164). Als John mit der Peitsche auf Lenina losgeht, ignoriert er deren Hilferufe und versteckt sich lieber hinter seinem Helikopter (vgl. S. 227).

Bernard Marx, für den er sich beim Direktor mit heuchlerischem Großmut einzusetzen vorgibt (vgl. S. 128), ist in Henrys Augen ein Rhinozeros (vgl. S. 76), das nicht richtig auf die Konditionierung anspricht; abgesehen davon hält er ihn für harmlos.

In der Neuen Welt arbeitete **Linda**, wie Lenina, im *Fertilizing Room*. Weitere **Parallelen zu Lenina** bilden die Kastenzugehörigkeit (Beta-Minus) sowie die Tatsache, dass sie beide fruchtbar sind und gemeinsam mit einem Alpha-Plus ins Reservat nach New Mexico reisen. Hier jedoch enden die Ähnlichkeiten. Linda wurde auf der Reise in einem Sturm von ihrem Begleiter, dem DHC, getrennt und stürzte einen Abhang hinab; die Suche nach ihr blieb erfolglos, sodass der DHC ohne sie abreisen musste. Da Linda trotz aller Verhütungsmaßnahmen schwanger wurde, muss sie im Reservat bleiben. Für ein solches Leben ist sie jedoch gänzlich ungeeignet. Die Werte des Weltstaates stehen in krassem Gegensatz zu den Normen der Indianer. Promiskuität ist verboten, sodass Linda, die zahlreiche Liebhaber hat, von den Frauen des Dorfes ausgepeitscht wird. Die täglich anfallenden Arbeiten kann sie nur unzureichend ausführen, ihren Sohn vernachlässigt sie immer mehr. Alkohol – als Ersatz für Soma – und ihr langjähriger Liebhaber Popé sind ihr einziger Trost. Ihrem Sohn, für den sie sich einerseits schämt, den sie andererseits auch liebt, schwärmt sie von der Neuen Welt vor. Ihr Wissen beschränkt sich jedoch auf die dort allgegenwärtigen Slogans und

Lieder, Johns tiefer gehende Fragen kann sie nicht beantworten (vgl. S. 102–115). Nicht nur die Annehmlichkeiten des Lebens im Weltstaat fehlen ihr, im Reservat schreitet auch ihr körperlicher Alterungsprozess voran, der in der Neuen Welt mit Erreichen des Erwachsenenalters eingefroren wird. Sie ist dick, hat schlechte Zähne, eine rote Nase und ihr Gesicht ist voller Falten (vgl. S. 102, 133).

Doch die Rückkehr nach London macht sie nicht wieder zu einem akzeptierten Mitglied der Gesellschaft des Weltstaates. Die Distanz zwischen ihr und der Neuen Welt bringt Huxley auch durch den Verzicht auf einen Nachnamen zum Ausdruck.

Nach ihrem Auftritt im Zentrum möchte niemand sie sehen, anders als John. Aber auch Linda selbst hat kein Interesse mehr an ihren Mitmenschen. Sie möchte sich nur noch dem Soma hingeben, auf das sie so viele Jahre verzichten musste. Durch den dauerhaften Konsum der Droge lebt sie nicht mehr lange.

Fanny Crowne ist Leninas Arbeitskollegin und Freundin und tritt auch nur im Zusammenhang mit ihr auf. Sie ist 19, hat ein leichtes Mondgesicht und muss sich einer Schwangerschaftsersatztherapie unterziehen. Sie lehnt es ab, dass Lenina nur noch mit Henry Foster ausgeht, und ist auch gegen deren Idee, sich mit Bernard Marx zu treffen, doch kann sie dem Charme ihrer Freundin nicht lange widerstehen. Dennoch befürchtet sie, dass Lenina eines Tages in Schwierigkeiten geraten könnte (S. 32–43, 81). Sie nimmt Anteil an den Gefühlen ihrer Freundin, freut sich mit ihr, als es ihr gut geht, und bespricht mit ihr deren Gefühle für John, auch wenn sie diese nicht nachvollziehen kann. Ihr Rat an Lenina, endlich selbst aktiv zu werden, führt schließlich zur Katastrophe (S. 144, 164/165).

2 Erzählperspektive und Struktur

2.1 Erzählperspektive

In *Brave New World* setzt Huxley einen **Er-Erzähler** *(third-person point-of-view)* ein. Der Erzähler blickt von außen auf das Geschehen, ist also keine Figur im Roman. Es handelt sich um einen **allwissenden auktorialen Erzähler** *(omniscient narrator)*, der alles über die Figuren weiß, auch ihre innersten Gedanken und geheimsten Wünsche. Zwei Beispiele sollen dies illustrieren. Als Bernard und Lenina sich am Tag nach ihrer ersten Verabredung treffen, fragt Lenina, ob Bernard sich amüsiert habe.

> *Bernard nodded. [...] "Everyone says I'm awfully pneumatic," said Lenina reflectively, patting her own legs. "Awfully." But there was an expression of pain in Bernard's eyes. "Like meat," he was thinking. She looked up with a certain anxiety. "But you don't think I'm too plump, do you?" He shook his head. Like so much meat. "You think I'm all right." Another nod. "In every way?" "Perfect," he said aloud. And inwardly, "She thinks of herself that way. She doesn't mind being meat."* (S. 80)

Bernards Gedanken werden dem Leser vom Erzähler mitgeteilt, Lenina jedoch bleiben sie verborgen.

Als John Bernard seine Lebensgeschichte erzählt und mit der Aussage endet, er sei immer allein, erfahren wir, dass dies bei Bernard traurige Gedanken auslöst: "'Alone, always alone,' the young man was saying. The words awoke a plaintive echo in Bernard's mind." (S. 118)

Es ist indes keineswegs so, dass der auktoriale Erzähler sich völlig neutral verhält. Bereits im ersten Kapitel finden wir ein Beispiel **ironischer Distanz**, die der Erzähler den Figuren gegenüber einnimmt. Er macht sich lustig über den ausgeprägten Eifer der Studenten, die gebannt an den Lippen des Direktors hängen und jede noch so banale Aussage mitschreiben:

"I shall begin at the beginning," said the DHC, and the more zealous students recorded his intention in their note-books: Begin at the beginning. (S. 2)

In ähnlicher Weise wird die Reaktion der Studenten Henry Fosters Erläuterungen gegenüber karikiert. Er spricht zu ihnen über die Zeitdauer, die ein Mensch bis zur sexuellen Reife benötigt, und bringt Beispiele aus dem Tierreich, die einen wesentlich schnelleren Reifeprozess veranschaulichen: "'Consider the horse.' They considered it." (S. 11)

Ein weiteres Charakteristikum der Erzählperspektive ist Huxleys Rückgriff auf das Konzept eines **utopischen Führers** *(utopian guide)*, der anderen Figuren wesentliche Aspekte z. B. des Staatsaufbaus erläutert und so zugleich auch den Leser informiert. Dadurch vermeidet der Autor langwierige theoretische Erörterungen, die sowohl den Handlungsverlauf unterbrechen als auch häufig ermüdend wirken. Derartige Vorgehensweisen findet man in vielen utopischen oder dystopischen Werken.

Eine Besonderheit in *Brave New World* bildet die Tatsache, dass diese Rolle **von mehreren Figuren übernommen** wird, wobei keine durchgängig diese Funktion ausübt, sondern immer nur für einen begrenzten Zeitraum. Wir begegnen diesem Phänomen bereits zu Beginn des Romans. Hier ist es der **Direktor**, der in doppeltem Sinne eine Führung vornimmt. Vordergründig erläutert er den Studenten alles Wichtige im Zentrum, um sie auf ihre neuen Aufgaben vorzubereiten. Doch die Studenten sind nicht das einzige Publikum, auch der Leser erfährt auf diese Weise alles Wissenswerte über das Zentrum und erhält wichtige Informationen über die Neue Welt.

Mustapha Mond tritt zweimal in der Rolle des utopischen Führers auf. In Kapitel III stößt er zu den Studenten und dem Direktor und hält einen Vortrag über die Vorgeschichte und Entwicklung des Weltstaates. Wieder sind es nicht alleine die Studenten, denen die Informationen gelten. Erneut kann Huxley so diese Punkte geschickt in die Handlung integrieren. Dies gilt in noch größerem Maße für das Gespräch im Arbeitszimmer des Weltkontrolleurs (Kapitel 16/17). In der Unterhaltung mit Helmholtz, John und Bernard, und vor allem im Zwiegespräch mit John, spricht er grundlegende Fragen an, die auch den Leser des Romans interessieren.

Bernard wird die Aufgabe übertragen, John die Neue Welt zu zeigen ("'the said Savage,' so ran Bernard's instructions, 'to be shown civilized life in all its aspects'", S. 137). Dies bedeutet, dass auch der Leser sich auf eine Reise begibt und z. B. eine Fabrik für Helikopterlampen oder die *Upper School* von Eton kennenlernt (vgl. Kapitel 11). Als Lenina mit John ins Kino geht, werden sowohl Letzterer als auch der Leser mit den Besonderheiten der *feelies* vertraut gemacht (vgl. Kapitel 11).

Das hier geschilderte Prinzip findet aber nicht nur Anwendung in Bezug auf die Neue Welt. Im Gespräch mit Bernard ist es **John**, der seinem Besucher – und dem Leser – einen Einblick in die **Welt des Reservats** gibt. Dabei spricht er auf sehr persönliche Weise viele Dinge an, die eine Schilderung von der Warte eines distanzierteren Erzählers nicht so eindringlich hätte transportieren können.

2.2 Struktur

Der Roman besteht aus 18 Kapiteln unterschiedlicher Länge, von denen einige nochmals in Unterkapitel gegliedert sind (Kapitel 4–6). Insgesamt spiegelt die Struktur des Werkes den Handlungsverlauf wider. So lassen sich drei große Teile finden:

- **erster Teil** (Kapitel 1–6.2): Neue Welt
- **zweiter Teil** (Kapitel 6.3–9): Bernard und Lenina im Reservat
- **dritter Teil** (Kapitel 10–18): Ereignisse nach der Rückkehr in den Weltstaat, gemeinsam mit John und Linda

Ein Blick auf die genannten Teile zeigt, dass hier noch eine genauere Betrachtung erforderlich ist, wie die unten stehende Übersicht verdeutlicht. In den Kapiteln 1–15 schreitet nach ersten Hintergrundinformationen und der Einführung der Protagonisten die Handlung voran. Sie kulminiert schließlich in dem Gespräch in Mustapha Monds Arbeitszimmer. Hier erreicht Johns, Helmholtz' und Bernards Abweichung von den Normen des Weltstaates ihren Höhepunkt. John begibt sich auch in der Diskussion mit dem Weltkontrolleur in offenen Gegensatz zum Weltstaat. Die beiden Figuren werden zu Antagonisten, die in ihrem Gespräch – dessen Konstellation durch die Reduktion auf zwei Figuren an einen Showdown aus einem Film erinnert – gegensätzliche Positionen zum Weltstaat verkörpern.

Im letzten Kapitel vollzieht John mit seinem Selbstmord den Akt der aus der klassischen Tragödie bekannten **Katharsis** (= Reinigung, Läuterung der Seele). Dadurch wird die Unausweichlichkeit des Schicksals in der Neuen Welt verdeutlicht, niemand kann diesem Leben entfliehen. So wird der auf den ersten Blick so perfekt und erstrebenswert erscheinende Weltstaat in seiner tiefen Unmenschlichkeit entlarvt.

Die Struktur von *Brave New World* im Überblick

Kapitel	Inhalt	Schauplatz
1–4.1	Hintergrundinformationen zur Neuen Welt	Neue Welt
4.2–6	• Einführung der Figuren • Fokus auf Lenina • Fokus auf Bernard • Fokus auf Bernard und Lenina	Neue Welt
7–9	• Hintergrundinformationen zum Reservat • Lebensgeschichte von John und Linda	Reservat
10	Johns und Lindas Ankunft in der Neuen Welt	Neue Welt
11–13	• Bernards neues Leben • Beziehung zwischen John und Lenina	Neue Welt

14–15	Johns Ablehnung der Neuen Welt	Neue Welt
16–17	• offene Konfrontation • Showdown zwischen John und Mustapha Mond	Neue Welt
18	Johns Fluchtversuch aus der Neuen Welt	Neue Welt Leuchtturm: von John intendierte Schaffung einer abgeschotteten eigenen Welt

Bemerkenswert ist das **Fehlen von Nebenhandlungen**. Der *plot* ist **eindimensional** angelegt und es gibt keinerlei Abweichungen von der Haupthandlung. Huxley geht es weniger um eine möglichst spannende, komplexe Handlung, sondern darum, **Ideen** zur Sprache zu bringen, die ihm wichtig sind.

Diese grundlegende Struktur wird auch deutlich, wenn man das **Muster eines klassischen Dramas** auf den Roman anwendet, wie das nachstehende Schaubild verdeutlicht:

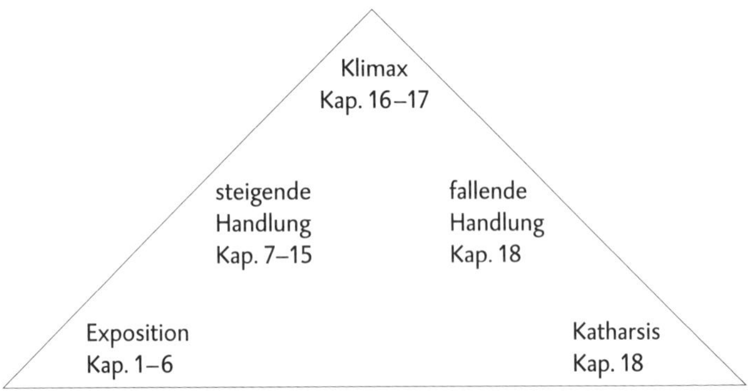

Struktur des klassischen Dramas angewandt auf *Brave New World*

Die **Zeitstruktur** von *Brave New World* folgt streng dem Prinzip der **Chronologie**. Allein im 8. Kapitel wird dieses Muster durchbrochen, wenn ausgewählte Stationen in Johns Leben in der Form von **Rückblenden** *(flashbacks)* wiedergegeben werden. Hier ist es meist nicht John, der Bernard von seiner Vergangenheit berichtet, sondern der Erzähler schwenkt in diese Zeit zurück. Bernard steht mit John vor Lindas Haus und fordert ihn auf, zu berichten. Plötzlich wechselt die Szene und der Leser wird in Johns Kindheit versetzt:

> *"As far back as I can remember." John frowned. There was a long silence.* [= John in Bernards Gegenwart]
> *It was very hot. They had eaten a lot of tortillas and sweet corn. Linda said, "Come and lie down, Baby." They lay down together in the big bed.* [= John in seiner Kindheit] (S. 106)

Daneben blicken einige Figuren bisweilen auf Vergangenes zurück. Diese Fälle sind jedoch immer explizit als Gedanken oder Aussagen der Figuren gekennzeichnet und somit nicht Bestandteil der Handlung. Dies gilt beispielsweise für Lenina, die sich während eines Helikopterfluges mit Henry Foster plötzlich an eine Begebenheit aus Kindertagen erinnert (vgl. S. 64). Der Direktor vergisst Bernards Anwesenheit und spricht über seine lange zurückliegende Reise in das Reservat (vgl. S. 83/84). Schließlich ist es Mustapha Mond selbst, der Bernard, Helmholtz und John gegenüber von seinem Werdegang spricht (vgl. S. 198–200).

3 Sprache und Stil

3.1 Sprache

Huxley benutzt in *Brave New World* häufig **wissenschaftliche Ausdrücke** (z. B. „salinity" = Salzgehalt, S. 3; „peritoneum" = Bauchfell, S. 6). Dies gilt besonders für die ersten beiden Kapitel, in denen die Prozesse zur Erschaffung und Konditionierung von Menschen beschrieben werden. Auf diese Weise suggeriert er die Glaubwürdigkeit der geschilderten Sachverhalte. Darüber hinaus greift er mehrfach auf lange Aneinanderreihungen wissenschaftlicher Aspekte zurück, die den Leser in ihrer Fülle erschlagen und die kalte, unmenschliche Atmosphäre betonen (vgl. S. 3, 9). Durch den nüchternen, geschäftsmäßigen Ton in diesen Kapiteln unterstreicht Huxley die Unanfechtbarkeit der dargelegten Tatsachen.

Daneben verwendet Huxley **allgemein bekannte Begriffe** in einem **neuen Kontext**. Dies gilt beispielsweise für „hatchery" (= Brutstätte), „fertilizing" (= düngen, befruchten) oder „decanting" (= ausgießen, umfüllen), die in *Brave New World* auf den Prozess der künstlichen Erschaffung von Menschen bezogen werden. Damit verlieren diese Wörter ihre ursprüngliche Neutralität und betonen dadurch die Unnatürlichkeit der Vorgänge. Auch der Ausdruck „pneumatic" (wörtlich: „gefüllt mit Luft") erfährt eine völlig neue Bedeutung. Im Normalfall wird er z. B. zur Beschreibung eines Sofas verwendet (vgl. S. 59), hier jedoch dient er in erster Linie dazu, die sexuellen Vorzüge von Leninas Körper zu verdeutlichen (vgl. S. 13, 37, 42, 80). Damit wird erneut der Aspekt des Widernatürlichen hervorgehoben, da dieser Begriff von Dingen auf Menschen übertragen wird.

Ein weiteres charakteristisches Merkmal der Sprache des Romans sind die zahlreichen **Neologismen** (= Wortschöpfungen). Sie durchziehen das gesamte Werk und betreffen unterschiedlichste Bereiche. So trifft der Leser auf eine ganze Reihe **pseudo-**

wissenschaftlicher Termini, die zum einen den technologischen Fortschritt des Weltstaates verdeutlichen, durch die zum anderen aber auch eine kritische Distanz aufgebaut wird. „Bokanovsky's Process" (S. 3) und „Podsnap's Technique" (S. 5) sind wesentliche Bestandteile bei der Erschaffung von Menschen. „Pregnancy Substitute" (S. 33) wie auch „V.P.S. Treatment" (S. 163/164) werden eingesetzt, um bei Bedarf den Hormonhaushalt von Frauen auszugleichen. Die Bürger der Neuen Welt können sich bei einer „vibro-vacuum massage" (S. 103) entspannen. Der „Social Predestination Room" (S. 7) bringt durch seinen Namen seine grundlegende Funktion bereits zum Ausdruck. Demgegenüber führt das „College of Emotional Engineering" (S. 56) einen immanenten Widerspruch im Namen, durch den erneut Kritik geäußert wird. Menschliche Emotionen werden hier zusammen mit einem technischen Begriff genannt. Die Perversion humaner Werte wird in der geänderten Funktion der Krankenhäuser besonders augenfällig. Sie dienen nicht mehr der Pflege und Heilung kranker Menschen – nahezu alle Krankheiten sind ausgelöscht –, sondern beherbergen ausschließlich Sterbende in ihren letzten Stunden, wie auch die Bezeichnung „Hospital for the Dying" (S. 152) verdeutlicht.

Unverfänglicher sind die Begriffe, die Huxley für bestimmte **Fahrzeuge**, **Kleidungsstücke** und **Freizeitaktivitäten** erschafft. Die Fortbewegung erfolgt in dieser zukünftigen Welt für Angehörige höherer Kasten vornehmlich in der Luft. Taxis tragen den Namen „taxicopter" (S. 148), eine Mischung aus Taxi und Helikopter, zur privaten Nutzung gibt es „sporticopter" (S. 186). Lenina trägt Sachen wie „zippyjamas" (S. 125) oder „zippicamiknicks" (S. 169). „Centrifugal Bumble-puppy", „Riemann-surface tennis", „Obstacle Golf", „Escalator-Squash" und „Electromagnetic Golf" (S. 53, 55, 58, 217) sind beliebte Sportarten.

„Calvin Stopes and his Sixteen Sexophonists" spielen im „Westminster Abbey Cabaret" (S. 65). Hier wird ein weiteres

Charakteristikum von Huxleys Sprache deutlich. Er greift häufig Namen und Begriffe auf, die dem Leser vertraut sind, und wandelt sie für seine Bedürfnisse ab, um so Bezugspunkte zur Welt des Lesers zu schaffen und dadurch die andersartige Welt leichter verständlich zu machen. Dies betrifft in hohem Maße den religiös-kirchlichen Bereich. So begegnet uns der „Arch-Community-Songster of Canterbury" (S. 150), eine klare Anspielung auf den *Archbishop of Canterbury*.[3] Statt eines *Holy Service* findet der „Solidarity Service" im „Fordson Community Singery" statt (S. 65). Dort werden „Solidarity Hymns" (S. 69–71; *hymn* = Kirchenlied) gesungen. „Orgy-porgy" (S. 73), die orgiastische Trance, in die die Teilnehmer fallen, ist hingegen ohne Parallele. Daneben baut Huxley auch Namen weltbekannter Londoner Bauten und Plätze in den Roman ein und verändert sie entsprechend. Big Ben[4] wird zu „Big Henry" (S. 68) – in Anspielung auf Henry Ford. Dasselbe gilt für den „Charing-T Tower" (S. 52), dessen Name sich auf Charing Cross[5] zurückführen lässt.

3.2 Bildlichkeit

Die Beschreibung des Reservats oder der Prozesse im *Hatchery and Conditioning Centre* gelingen Huxley in beeindruckender Form. Wie in einem Film laufen die Bilder vor dem inneren Auge des Lesers ab.

Metaphorik als sprachliches Mittel ist in *Brave New World* hingegen nur **gering ausgeprägt**. Auf diese Weise betont Huxley das Wesen der Neuen Welt. Alles ist durchorganisiert und vom Staat gelenkt, für Fantasie und tief gehende Emotionen ist kein Platz. Dementsprechend beziehen sich die wenigen Metaphern vor allem auf negative Aspekte. Bei Angehörigen niederer Kasten wird deren fehlende Individualität hervorgehoben. So ist z. B. von einer „army of labourers" (S. 53) die Rede. Auffällig ist, dass diese Menschen oft mit **Tieren** verglichen werden. Sie werden als Blattläuse („aphides“, S. 54), Ameisen (vgl. S. 54, 63), Maden (vgl. S. 177, 184, 195) oder Läuse (vgl. S. 218) bezeichnet – oft also mit unappetitlichem Beigeschmack. John kommen die Gruppen identischer Zwillinge wie Herden vor (vgl. S. 195). Mustapha Mond findet, diese Menschen seien „nice tame animals“ (S. 193); der Pilot erklärt Lenina in Malpais, die Indianer seien „perfectly tame“ (S. 91). Auch John wird wie ein Tier beschrieben. Am Ende des Romans steht er der Masse der Schaulustigen wie ein in die Ecke gedrängtes Tier gegenüber, die Besucher werfen ihm wie einem Affen Erdnüsse und andere Dinge zu (vgl. S. 225). Die Reporter, die John behelligen, werden als Ungeziefer klassifiziert („vermin“, S. 222), wie Geier auf Aas stürzen sie sich auf John (vgl. S. 219). Die Schaulustigen wiederholen den Ruf nach der Peitsche wie Papageien (“the phrase was repeated, parrot-fashion”, S. 226). In ihren Gasmasken erscheinen die Polizisten, die den Aufruhr im *Park Lane Hospital for the Dying* schlichten, „goggle-eyed and swine-snouted“ (S. 188).

Darüber hinaus unterstreichen einige Metaphern die Widernatürlichkeit des Lebens in der Neuen Welt, indem **Bilder aus der Tierwelt auf Dinge übertragen** werden. Die Hubschrauber, mit denen die Reporter und die Neugierigen zum Leuchtturm strömen, sind wie Heuschrecken – bekanntermaßen eine der zehn biblischen Plagen.

> *A humming overhead had become a roar. [...] He looked up [...] and saw, close above him, the swarm of hovering machines. Like locusts they came, hung poised, descended all around him on the heather. And from out of the bellies of these giant grasshoppers stepped men [...].* (S. 225)

Die Nadel, die den Parfümverbrauch in Bernards Badezimmer anzeigt, wird mit einem Insekt verglichen, das Bernards Geld auffrisst. (“The little black needle was scurrying, an insect, nibbling through time, eating into his money”, S. 88.) Der DHC bezeichnet das Zentrum gerne als industriellen Bienenstock („hive of industry“, S. 127).

Neben den genannten Bereichen finden sich Metaphern nur noch in Zusammenhang mit John und dem Reservat. So besitzt der Ort, in dem John lebt, einen **sprechenden Namen** *(telling name)*. „Malpais“ (S. 91) setzt sich zusammen aus den spanischen Wörtern *mal(o)* = schlecht und *pais* = Land, bedeutet also schlechtes Land. Die Hochebene wird außerdem mit einem Schiff verglichen: “The mesa was like a ship becalmed in a strait of lion-coloured dust.” (S. 92) Als John nach dem Gespräch mit Mond von Bernard und Helmholtz aufgesucht wird, fragen diese ihn, ob er etwas Schlechtes gegessen habe, da er sich übergeben musste. Darauf antwortet John: “I ate civilization.” (S. 213)

3.3 Slogans, Lieder, Namen

Ein wesentliches Element der Sprache des Romans wie auch der Neuen Welt bilden die allgegenwärtigen **Slogans**. Durch jahrelange Konditionierung sind sie so tief im Bewusstsein der Menschen verankert, dass diese bei jeder Gelegenheit darauf zurückgreifen, ohne überhaupt nachzudenken. Dies ist auch eines der wesentlichen Ziele, die der Staat mit diesen Slogans verfolgt: Die Menschen werden so ständig kontrolliert und von eigenständigem Denken abgehalten. Lenina kann als ein Musterbeispiel für gelungene Konditionierung gelten. In allen Situationen, in denen sie auf Neues, Befremdliches trifft, zieht sie sich auf ihre hypnopädischen Weisheiten zurück. Als Bernard sie während ihres ersten Rendezvous mit seinen Aussagen über Einsamkeit und Individualität erschreckt, kann sie nur mit den üblichen Plattitüden antworten, die jedoch in keiner Weise auf Bernards Äußerungen eingehen. So sagt sie z. B. in Bezug auf Soma:

A gramme in time saves nine. [. . .]
One cubic centimetre cures ten gloomy sentiments. [. . .]

A gramme is always better than a damn. (S. 77)

Folgende Beispiele zeigen grundlegende Normen des Weltstaates, die den Menschen via Hypnopädie eingeimpft werden:

Everyone works for everyone else. We can't do without anyone. (S. 78)

Never put off till tomorrow the fun you can have today. [. . .]

When the individual feels, the community reels. (S. 81)

Bernards Wut auf sich selbst angesichts der drohenden Verbannung kommentiert sie mit "Was and will make me ill, [. . .] I take a gramme and only am" (S. 90). Der Schmutz im Reservat entlockt ihr den Spruch "But cleanliness is next to fordliness" (S. 94).

Auch Linda greift in der unbekannten Welt des Reservats auf Slogans zurück, die dort natürlich völlig fehl am Platz sind:

Streptocock-Gee to Banbury T, to see a fine bathroom and W.C. [. . .] Civilization is Sterilization. [. . .] The more stitches, the less riches. [. . .] Everybody belongs to everyone else. (S. 104)

Bye, Baby Banting, soon you'll need decanting. (S. 107)

A, B, C, vitamin D: The fat's in the liver, the cod's in the sea. (S. 176)

Weitere Beispiele finden sich über den Roman verstreut und werden von unterschiedlichen Figuren geäußert. "A doctor a day keeps the jim-jams away" (Henry Foster, S. 163) – in Verkehrung des englischen Sprichworts "An apple a day keeps the doctor away". Eine hypnopädische Einheit enthält den Satz "Ending is better than mending" (S. 42), um die Menschen zu möglichst großem Konsum anzuhalten. Fortschritt bedeute u. a. „no leisure from pleasure“ (S. 47), so Mustapha Mond. Andere Slogans sind "Progress is lovely" (Lenina, S. 86) oder "Science is everything" (Helmholtz, S. 198). Der DHC bringt die nicht vorhandene Bedeutung von Individuen zum Ausdruck, wenn er festhält: "The social body persists although the component cells may change." (S. 84)

Ebenfalls zur Unterstützung der geltenden Normen dienen **Lieder** in der Neuen Welt. So glorifiziert der beliebte Song "There ain't no Bottle in all the world like that dear little Bottle of mine" (S. 65/66) die künstliche Erschaffung der Menschen. In "Hug me till you drug me, honey" (S. 145) kommen sowohl das offizielle Konzept von Sexualität als auch der staatlich geförderte Konsum von Soma zum Ausdruck. Eindeutig indoktrinierenden Charakter weisen die drei *Solidarity Hymns* auf, in deren insgesamt 36 Strophen das Kommen des *Greater Being* und die damit verbundene Verschmelzung der Mitglieder der Gruppe des *Solidarity Service* erfleht wird (vgl. S. 70–73).

Neben dem sprechenden Namen Malpais, dessen Bedeutung bereits erläutert wurde (vgl. 3.2), spielen in *Brave New World* auch die **Namen** der Figuren eine wichtige Rolle. Huxley greift dabei auf eine Fülle von Namen zurück, von denen man annehmen darf, dass sie den Lesern der 1930er-Jahre – des Zeitraums der Erstveröffentlichung des Romans – bekannt waren. Alle diese Namen, die sich auf Politiker, historische Persönlichkeiten, Schriftsteller, Figuren aus der Literatur, Erfinder und Wissenschaftler oder Unternehmer beziehen, enthalten Anspielungen, durch die die Unmenschlichkeit der scheinbar perfekten Neuen Welt zusätzlich entlarvt wird. Die wichtigsten Erklärungen sind in der nachstehenden Tabelle aufgelistet.

Namen und ihre Bedeutungen in *Brave New World*

Name	Bezug auf	Kapitel
Herbert Bakunin	• **Herbert** George (H. G.) Wells (1866–1946), engl. Autor utopischer und dystopischer Romane • Michail Alexandrowitsch **Bakunin** (1814–1876), russ. Revolutionär und Theoretiker des kollektiven Anarchismus	5
Darwin Bonaparte	• Charles Robert **Darwin** (1809–1882), engl. Naturforscher, Begründer der Evolutionstheorie • Napoleon **Bonaparte** (1769–1821), General der Französischen Revolution, dann französischer Kaiser	18

Fiffy Bradlaugh	Charles **Bradlaugh** (1833–1891), engl. politischer Aktivist und Atheist, Gründer der *National Secular Society*	5
Fanny Crowne	*Memoirs of a Woman of Pleasure*, bekannt als ***Fanny*** *Hill*, gilt als der erste moderne erotische Roman in engl. Sprache; von John Cleland (1748)	3, 11–13
Lenina Crowne	Wladimir Iljitsch **Lenin** (1870–1924), Anführer der Oktoberrevolution 1917 und erstes Oberhaupt der UdSSR	1, 3, 5–9, 11–13, 18
Clara Deterding	• mehrere Möglichkeiten: a) **Clara** Immerwahr (1870–1915), dt. Chemikerin b) **Clarissa** Harlowe Barton, genannt Clara (1821–1912), organisierte das amerikanische Rote Kreuz c) **Clara** Schumann (1819–1896), Pianistin • Henri Wilhelm August **Deterding** (1866–1939), Vorsitzender der Royal Dutch/Shell Ölgesellschaft	5
Joanna Diesel	Rudolf Christian Karl **Diesel** (1858–1913), Erfinder des Dieselmotors	5
George Edzel	• mehrere Möglichkeiten: a) Herbert **George** (H. G.) Wells [s. o. Herbert Bakunin] b) Name engl. Könige, u. a. **George V.** (1865–1936) • **Edsel** Bryant Ford (1893–1943), Sohn von Henry Ford, Präsident der *Ford Motor Company* 1919–1943	4, 18
Sarojini Engels	• **Sarojini** Naidu oder Chattopadhyaya (1879–1949), erste Präsidentin des *Indian National Congress* und Gouverneurin von Uttar Pradesh; unterstützte Gandhi • Friedrich **Engels** (1820–1895), dt. Philosoph, entwickelte mit Karl Marx die Theorie des Kommunismus	5
Henry Foster	• **Henry** Ford (1863–1947), vgl. Kapitel 4.3 • „to **foster**" = pflegen, aufziehen	1, 3, 5, 10, 12/13
Benito Hoover	• **Benito** Mussolini (1883–1945), faschistischer Führer Italiens (1922–1943) • Herbert C. **Hoover** (1874–1964), US-Präsident (1929–1933)	4
Tom Kawaguchi	Ekai **Kawaguchi** (1866–1945), japanischer buddhistischer Mönch	5
Miss Keate	John **Keate** (1773–1852), einer der berühmtesten Direktoren von Eton, 1809–1834	11/12

Linda	spanisch: „hübsch"	7/8, 10/11, 14
Bernard Marx	• George **Bernard** Shaw (1856–1950), irischer Dramatiker und Sozialist, Literaturnobelpreisträger und Oskar-Gewinner • Karl **Marx** (1818–1883), dt. Revolutionär, entwickelte mit Friedrich Engels die Theorie des Kommunismus	3–11, 13,15/16, 18
Mustapha Mond	• **Mustafa** Kemal Atatürk (1881–1938), Gründer und erster Präsident der türkischen Republik (1923) • mehrere Möglichkeiten: a) Alfred Moritz **Mond** (1868–1930), brit. Industrieller, Gründer (1926) und erster Vorsitzender von *Imperial Chemical Industries* b) Dr. Ludwig **Mond** (1839–1909), dt. Chemiker und Industrieller, nahm die brit. Staatsbürgerschaft an c) Sir Robert Ludwig **Mond** (1867–1938), brit. Chemiker und Archäologe	3, 9, 11/12, 16/17
Popé	**Popé** (ca. 1630 bis ca. 1688), ein religiöser Führer der Tewa-Indianer aus San Juan Pueblo, führte die Revolte gegen die spanischen Kolonialherren 1680 an	7/8
Morgana Rothschild	• **Morgana**, auch bekannt als Morgan le Fay, eine mächtige Zauberin und Gegenspielerin von König Artus und Königin Guinevere in der Artus-Legende • Familie **Rothschild**, internationale Bank- und Finanzdynastie mit deutsch-jüdischen Wurzeln	5
John Savage	**John:** weitverbreiteter englischer Vorname	7–18
Polly Trotzky	Leon **Trotsky** (1879–1940), bolschewistischer Revolutionär, marxistischer Theoretiker, einer der Anführer der Oktoberrevolution, Gegner Stalins, aus der UdSSR ausgewiesen, 1940 ermordet	3
Helmholtz Watson	• Hermann Ludwig Ferdinand von **Helmholtz** (1821–1894), dt. Physiologe und Physiker • Dr. John H. **Watson**, fiktive Figur, Freund von Sherlock Holmes	4, 6, 11–12, 15/16, 18

3.4 Shakespeare

Die Werke William Shakespeares (1564–1616), des weltberühmten englischen Dramatikers, spielen in *Brave New World* eine bedeutende Rolle – auf mehreren Ebenen. Besonders augenfällig wird dies im Titel des Romans. Er ist ein Zitat aus dem Drama *The Tempest*. Darin wird die Protagonistin Miranda als Dreijährige mit ihrem Vater Prospero, dem rechtmäßigen Herzog von Mailand, von dessen Bruder Antonio auf eine abgelegene Insel verbannt, nachdem dieser sich Prosperos Thron aneignete. Während der folgenden zwölf Jahre sieht Miranda außer ihrem Vater keinen anderen Menschen. Als Schiffbrüchige dort Zuflucht suchen – unter ihnen Antonio –, ruft Miranda beim Anblick dieser Menschen voller Verzückung aus:

> *O wonder! How many goodly creatures are there here! How beauteous mankind is! O brave new world that has such people in't!* (*The Tempest*, V. i. 181–184)[6]

Dies sind genau die Worte, die John benutzt, um seiner Freude Ausdruck zu verleihen, dass Bernard ihn und Linda mit in die Neue Welt nehmen will (vgl. S. 120/121). Doch anders als bei Miranda erweist sich Johns Ausruf als böse Ironie. Die zugrunde liegende Fehleinschätzung wird bereits durch Bernards Reaktion angedeutet, der John fragt: "And, anyhow, hadn't you better wait till you actually see the new world?" (S. 121) Im Verlauf des Romans wird dies auch John immer mehr bewusst. Beim Besuch der Fabrik findet er die Gruppen identischer Arbeiter sehr abstoßend, aber genau in diesem Moment erinnert er sich wieder an

Mirandas Worte (vgl. S. 139). Immer wieder drängen sie sich in sein Bewusstsein – im krassesten Widerspruch zu seinen Empfindungen (S. 184/185).

Wörtliche Zitate aus Shakespeare-Dramen durchziehen den gesamten Roman und bis auf zwei Ausnahmen werden sie immer von John geäußert. Shakespeares Werke prägten den heranwachsenden Jungen sehr stark, mit ihnen erschloss er sich in weiten Teilen die Welt. So verwundert es nicht, dass er bei seinen Erfahrungen im Reservat oft darauf zurückgreift. Seine Gefühle für Lenina – sowohl seine Liebe als auch seine Abscheu angesichts ihres unzüchtigen Verhaltens – kann er ebenfalls nur mit Shakespeares Worten zum Ausdruck bringen. Dasselbe gilt für viele negative Phänomene der Neuen Welt und schließlich auch für die Diskussion mit Mustapha Mond, die solch grundlegende Aspekte wie Gott und den Tod thematisiert.

Zitat *Brave New World*	**Bezug zu Shakespeare**	**Kontext im Roman**
„All's well with the world" (S. 37)	*All's Well that Ends Well*	DHC über die Entwicklungen im Weltstaat
„damned spot" (S. 100), „the multiudinous seas incarnadine" (S. 100); „they disliked me for my complexion" (S. 100)	*Macbeth*, (V. i. 33, II. ii. 62); *The Merchant of Venice* (II. i. 1)	John informiert Bernard über das Leben im Reservat.
„Nay […] sty" (S. 113), „remorseless […] kindless villain" (S. 114/115), "When he is […] of his bed" (S. 115)	*Hamlet* (III. iv. 91–94, II. ii. 576, III. iii. 89/90)	John drückt seinen Hass auf Popé aus.
„tomorrow and tomorrow and tomorrow " (S. 118)	*Macbeth* (V. v. 19)	John denkt im Reservat über den Tod nach.
„Her eyes […] harsh" (S. 125); „On the white […] sin" (S. 125), „profane […] hand" (S. 126), „O, she doth teach […] too dear" (S. 155); „Admired Lenina […]	*Troilus and Cressida* (I. i. 53–57); *Romeo and Juliet* (III. iii. 36–39, I. v. 91, I. v. 42–45); *The Tempest* (III. i. 37–48,	John über Leninas Schönheit und seine Liebe zu ihr

every creature's best" (S. 166), „There be some sports […] sets off", „some kinds of baseness […] undergone" (S. 167); „Outliving […] decays" (S. 168); „If thou dost […] holy rite" (S. 168)	III. i. 1/2); *Troilus and Cressida* (III. ii. 158/159); *The Tempest* (IV. i. 15–17)	
„The murkiest den […] into lust" (S. 169); „For those milk paps […] at men's eyes" (S. 169); „The strongest oaths […] abstemious, or else" (S. 169)	*The Tempest* (IV. i. 25–28); *Timon of Athens* (IV. iii. 115/116); *The Tempest* (IV. i. 52–54)	John will der Versuchung widerstehen, sich Lenina zu nähern.
„Impudent strumpet" (z. B. S. 169/170, 172); „The wren […] my imagination" (S. 171); „O thou weed […] at thee" (S. 171), „Was this […] upon" (S. 171); „If I do not usurp myself, I am" (S. 172)	*Othello* (IV. ii. 82); *King Lear* (IV. vi. 112–131); *Othello* (IV. ii. 67–69, IV. ii. 72/73); *Twelfth Night* (I. v. 175)	John über Leninas unzüchtiges Verhalten
„Let the bird […] grow together" (S. 159/160)	„The Phoenix and Turtle"	John liest Helmholtz das Gedicht vor.
„Lend me your ears" (S. 185); „mewling and puking" (S. 187)	*Julius Caesar* (III. ii. 73); *As You Like It* (II. vii. 144)	John im Krankenhaus vor den Delta-Mitarbeitern
„sometimes a thousand […] voices" (S. 192)	*The Tempest* (III. ii. 132/133)	Mustapha Mond im Dialog mit John
„goats and monkeys" (S. 193); „told by an idiot" (S. 194)	*Othello* (IV. i. 260); *Macbeth* (V. v. 27)	John drückt seine Abscheu über *Feelies* aus.
„I, Pandulph […] cardinal" (S. 204); „The gods are just […] I am here" (S. 207/208)	*King John* (III. i. 138); *King Lear* (V. iii. 170–174)	John über die Frage, ob es einen Gott gibt
„But value dwells not […] prizer" (S. 208); „If after […] death" (S. 210); „Whether 'tis nobler […] end them" (S. 210), „Exposing what is mortal […] egg-shell" (S. 211)	*Troilus and Cressida* (II. ii. 53–56); *Othello* (II. i. 183/184); *Hamlet* (III. i. 57–60, IV. iv. 51–53)	John über die Gesellschaft der Neuen Welt

„And all our yesterdays […] dusty death“ (S. 224); „kissing carrion“ (S. 224); „As flies […] sport“ (S. 224); „thy best of rest […] no more“ (S. 224); „Sleep. Perchance to dream. […] For in that sleep of death, what dreams“ (S. 224)	*Macbeth* (V. v. 22/23); *Hamlet* (II. ii. 181); *King Lear* (IV. i. 37/38); *Measure For Measure* (III. i. 17–19); *Hamlet* (III. i. 65/66)	John denkt im Leuchtturm über den Tod nach.
„Eternity was in our lips and eyes“ (S. 222)	*Antony and Cleopatra* (I. iii. 35)	John erinnert sich im Leuchtturm an Lenina.
„Ariel could put a girdle round the earth in forty minutes“ (S. 137)	vgl. *The Tempest*	Vergleich mit der Geschwindigkeit der *Green Rocket* (1 250 km/h)

Neben diesen Zitaten gibt es auch **inhaltliche Parallelen** sowie **Gegensätze** zu den Werken Shakespeares. Dies gilt zunächst für die Ausgangssituation von *The Tempest.* Wie Miranda lebt John abgeschieden von der Welt und ist wie sie entzückt über Besucher. Hier jedoch enden die Parallelen, denn Johns Reise in das vermeintliche Paradies entpuppt sich als Katastrophe.

In ähnlicher Weise findet eine Verkehrung der Ideen von *Romeo and Juliet* statt. John sieht sich als Romeo und Lenina als Julia. Das Konzept von Liebe, das dem Drama zugrunde liegt, ist in *Brave New World* jedoch völlig undenkbar geworden. Lenina ist eben keine Julia, die alle denkbaren Gefahren auf sich nimmt, um bei ihrem geliebten Romeo sein zu können; im Gegenteil, der Gedanke sich lebenslang zu binden löst bei ihr Entsetzen aus (vgl. S. 168). Sie ist ausschließlich an Sex mit John interessiert.

Der Film *Three Weeks in a Helicopter* spielt auf *Othello* an. Othello wird hier aber auf die Figur eines farbigen Wüstlings reduziert, der eine blonde Beta-Plus entführt und von drei gut aussehenden jungen Alphas besiegt wird. Echte Liebe spielt keine Rolle, Tragik sucht man vergebens, die Handlung beschränkt sich auf eine oberflächliche Geschichte von *Sex and Crime* (vgl. S. 145–147, 193). Diese Beispiele unterstreichen erneut die **Pervertierung fundamentaler Werte** in der Neuen Welt.

4 Zentrale Themen

4.1 Staats- und Gesellschaftsstruktur

Ländergrenzen sind in der Neuen Welt aufgehoben, es existiert nur noch ein **Weltstaat**. Neben dieser zivilisierten Welt gibt es auch noch Reservate, wie jenes, das Bernard und Lenina besuchen. Der Roman weist keine explizite Begründung für die Existenz dieser Gebiete auf. Es liegt nahe, den Grund in der Funktion der **Reservate** zu sehen. Sie bilden **Gegenwelten**, mit deren Hilfe Huxley andere Kulturen darstellen und dadurch die Pervertierung der Neuen Welt hervorheben kann. Zudem ist John, eine Hauptfigur des Romans, ohne den Hintergrund des Reservats nicht vorstellbar.

Den Weltstaat lenken zehn **Weltkontrolleure**, die den Kontrollrat bilden. Nachrückende Kandidaten werden von den aktuellen Kontrolleuren zunächst in diesen Rat aufgenommen, bevor sie schließlich selbst eine solche Position bekleiden (vgl. S. 200). Die wesentliche Aufgabe der Weltkontrolleure wird bereits in ihrem Namen ersichtlich. Sie achten darauf, dass niemand die **Stabilität des Staates** bedroht, sei es durch sein Verhalten oder durch wissenschaftliche Forschung. Eine Partizipation der Bürger an der Macht ist nicht vorgesehen, Parteien oder andere Institutionen der politischen Willensbildung gibt es nicht.

Über allem steht das **Motto**: „Community, Identity, Stability" (S. 1), das die Leitgedanken der französischen Revolution karikiert (*Liberté, Egalité, Fraternité* – Freiheit, Gleichheit, Brüderlichkeit). Diese auf den ersten Blick positiven Grundsätze erweisen sich bei näherem Hinsehen als das genaue Gegenteil dessen, was man normalerweise damit verbindet. *Community* bezeichnet den Umstand, dass die Menschen nicht allein sein können. Darüber hinaus wird durch die herausgehobene Rolle der Gemeinschaft die Entwicklung individueller Gedanken verhindert. *Identity* beschreibt nicht etwa die Individualität der Bürger, sondern ihre Identifikation mit dem System. Außerdem sind die Angehörigen niederer Kasten in der Tat identisch. Die Menschen verändern ihr Äußeres nach Erreichen des Erwachsenenalters nicht mehr; alle sterben im selben Alter. Nicht zuletzt führen die Mitglieder einer Kaste auch identische Leben, z. B. was Interessen und Freizeitbeschäftigungen betrifft. *Stability* als das übergeordnete Ziel erstreckt sich auf jeden Bereich des Lebens, meint also nicht nur soziale, politische oder wirtschaftliche Stabilität, sondern auch emotionale Stabilität. Diesem Grundsatz wird alles geopfert: echte Gefühle, wirkliche Beziehungen, Familie, Kunst, Wissenschaft und Religion.

Die Gesellschaft ist geprägt von einem starren **Kastensystem**. Die Kaste zu verlassen ist weder möglich noch – bedingt durch entsprechende Konditionierung – von den Menschen überhaupt gewünscht. Mitglieder einer Kaste bleiben untereinander. Die einzige Ausnahme ist in sexuellen Beziehungen zu sehen, die Alpha-Männer mit Beta-Frauen unterhalten, z. B. Henry Foster und Bernard Marx mit Lenina oder der DHC mit Linda.

Jede Kaste ist durch eine bestimmte Farbe gekennzeichnet und erfüllt ganz spezifische Aufgaben im Staat, wie nachstehende Tabelle verdeutlicht.

Kastensystem in *Brave New World*

Kaste	Farbe	Funktion	Beispiele
Alpha	Grau	intellektuelle Elite	Mustapha Mond, DHC, Bernard, Helmholtz
Beta	Rot	qualifizierte Spezialisten	Lenina, Fanny, Linda
Gamma	Grün	Diener und qualifizierte Arbeiter	Mustapha Monds Butler, Pilot von Bernards Flug
Delta	Khaki	Wartungspersonal, Arbeiter	niedere Mitarbeiter im *Park Lane Hospital for the Dying*
Epsilon	Schwarz	unqualifizierte Arbeiter	Liftportier

Die Aufgaben der einzelnen Kasten sind für das Funktionieren des Gesamtgebildes äußerst wichtig, ohne die niedere Tätigkeit der unteren Kasten könnte das System nicht überleben. Dies wird am Beispiel des Zypern-Experiments deutlich, das 159 Jahre vor den im Roman beschriebenen Ereignissen durchgeführt wurde. Alle Bewohner der Insel wurden weggebracht, stattdessen siedelten dort 22 000 Alphas. Innerhalb von sechs Jahren eskalierte die Situation in einem Bürgerkrieg, da keiner der Alphas bereit war, niedere Tätigkeiten zu übernehmen. Somit war das Experiment gescheitert (vgl. S. 196/197). Nach Monds Aussage ist ein **Eisberg** das ideale Gesellschaftsmodell: „eight-ninths below the water line, one-ninth above“ (S. 197). Auch wenn dieser Zustand offensichtlich nicht erreicht ist, so weist die Gesellschaft des Weltstaates eine klare pyramidale Struktur auf.

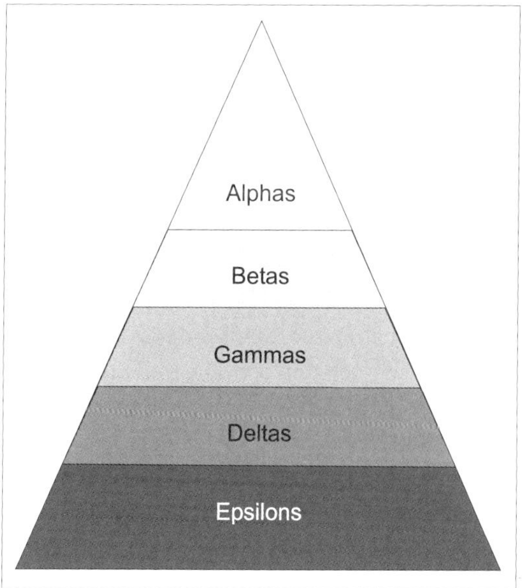

Gesellschaftsstruktur in *Brave New World*

4.2 Gentechnologie, Konditionierung, Soma

Stabilitätssicherung als übergeordnetes Ziel des Weltstaates ist auch die zugrunde liegende Motivation für Gentechnologie, Konditionierung und die Verteilung der Droge Soma.

Bei der **künstlichen Erschaffung von Menschen** (vgl. Kapitel 1) werden fruchtbaren Frauen, die etwa 30 Prozent der weiblichen Bevölkerung stellen, gegen die Zahlung von sechs zusätzlichen Monatsgehältern Eier entnommen, die dann im *Fertilizing Room* mit Spermien künstlich befruchtet werden. Aus einem einzelnen Eierstock können bis zu 16 000 Kinder gewonnen werden. Die befruchteten Eier werden je nach Kastenzugehörigkeit entsprechend behandelt: Je niedriger die Kaste, desto geringer ist die Sauerstoffzufuhr und desto höher die verabreichte Alkoholdosis. Durch den *Bokanovsky Process* ist es möglich, bis zu 96 identische Menschen zu schaffen. In Kombination mit *Podsnap's Technique*, durch die die Reifezeit eines befruchteten Eis drastisch reduziert wird, kann das *Central London Hatchery and Conditioning Centre* innerhalb von zwei Jahren nahezu 11 000 Menschen erschaffen. Im *Bottling Room* werden die Eier aus Reagenzgläsern in Flaschen umgefüllt. Der *Social Predestination Room* entscheidet über die weitere Entwicklung der Embryonen, die für 267 Tage im *Embryo Store* verbleiben, bevor die Flaschen schließlich im *Decanting Room* geöffnet werden. Die Menge der zu erschaffenden Menschen und ihre Kastenzugehörigkeit richten sich nach den jeweiligen Bedürfnissen. Gab es z. B bei einer Naturkatastrophe viele Tote, so muss die entsprechende Zahl schnellstmöglich nachgeliefert werden, denn die Bevölkerung der Neuen Welt wird konstant bei zwei Milliarden gehalten. Der DHC charakterisiert diesen gesamten Prozess in sehr prägnanter Weise: "The principle of mass production at last applied to biology." (S. 5)

Die Darstellung dieses zutiefst inhumanen Vorgehens, bei dem Menschen wie Produkte nach dem Bedarf des Marktes hergestellt werden, führt die fundamentale Pervertierung der Werte in der Neuen Welt vor Augen. Huxley prangert hier sowohl den kritiklosen **Glauben an** die positiven Folgen **unkontrollierten wissenschaftlichen Fortschritts** an wie auch die grundlegende Veränderung der Arbeits- und Konsumwelt durch die in den 1920er-Jahren einsetzende **Massenproduktion**. In unserer Zeit gewinnt *Brave New World* durch die Debatte über Möglichkeiten und Grenzen des *genetic engineering* – wie beispielsweise die Präimplantationsdiagnostik (PID)[7] – höchste Aktualität.

Die so erschaffenen Menschen werden, damit sie als Bürger im Sinne des Weltstaates funktionieren und dessen Stabilität nicht gefährden, unmittelbar nach ihrer „Entkorkung" einem **Konditionierungsprozess** unterzogen, der bis ins Erwachsenenalter anhält. Im zweiten Kapitel wird dies am Beispiel von achtmonatigen Babys dargestellt, bei denen Hass auf Bücher und Natur entwickelt wird, weil der Konsum dieser Dinge kostenlos ist und somit der Wirtschaft nicht zugutekommt. Eng mit dieser Manipulationstechnik verbunden ist das *sleepteaching.* Hierbei werden den Kindern und Heranwachsenden im Schlaf immer und immer wieder eingängige Slogans vorgesprochen, sodass sie diese für den Rest ihres Lebens verinnerlichen.[8] Diese hypnopädischen Weisheiten sind omnipräsent und in ihrer Schlichtheit und Eingängigkeit äußerst wirksam. Jeder Bereich des Lebens ist davon betroffen. Die grundlegende Intention besteht darin, den Menschen die staatlich sanktionierten Ideen einzutrichtern und sie von der Entwicklung eigener Gedanken abzuhalten. Es ist sicher nicht falsch zu sagen, dass Huxley in diesem Bereich auch **Kritik** am Wesen und der Macht von **Werbung** übt.

Große Bedeutung kommt in der Neuen Welt dem Konsum von **Soma**[9] zu. Dies ist die perfekte Droge: "Euphoric, narcotic, pleasantly hallucinant. [...] All the advantages of Christianity and alcohol; none of their defects." (S. 46) Man kann jederzeit der Realität für eine Weile entfliehen, ohne Nebenwirkungen befürchten zu müssen. Sollte ein Moment der Unzufriedenheit auftreten, kann dem durch den Genuss von Soma abgeholfen werden. Je nach Bedarf ist dabei die Dosierung zu bemessen: "half a gramme for a half-holiday, a gramme for a weekend, two grammes for a trip to the gorgeous East, three for a dark eternity on the moon." (S. 47) Mustapha Mond bringt die für den Staat so wertvollen Vorzüge der Droge auf den Punkt:

> *And if ever, by some unlucky chance, anything unpleasant should somehow happen, why, there's always soma to give you a holiday from the facts. And there's always soma to calm your anger, to reconcile you to your enemies, to make you patient and long-suffering. In the past you could only accomplish these things by making a great effort and after years of hard moral training. Now, you swallow two or three half-gramme tablets, and there you are. Anybody can be virtuous now. You can carry at least half your morality about in a bottle. Christianity without tears – that's what soma is.* (S. 209/210)

Soma wird von den Figuren des Romans genau zu diesen Zwecken eingesetzt. Henry Forster und Benito Hoover raten Bernard, Soma zu nehmen, damit er sich besser fühlt (vgl. S. 46, 52). Lenina und Henry Forster konsumieren Soma, um die Wirkungen der Droge zu genießen (vgl. S. 65–67). Auch beim *Solidarity Service* spielt die Droge eine Rolle, soll sie den Teilnehmern doch helfen, ganz in der Gemeinschaft aufzugehen (vgl. S. 69/70). Bernard und Lenina nehmen Soma in Stresssituationen (vgl. S. 80, 95, 122, 149). Für Linda ist der ununterbrochene Soma-Urlaub die Erfüllung all ihrer Träume nach ihrer Rückkehr in die Neue Welt (vgl. S. 133). Auch für die Niederschlagung von Unruhen wie im *Park Lane Hospital* oder die Beruhigung von Verzweifelten wie Bernard (vgl. S. 188/189, 199) wird die Droge eingesetzt. Sie dient nicht zuletzt als Belohnung für Arbeiter am Ende einer Schicht (vgl. S. 183).

4.3 Massenkonsum

Massenkonsum ist eines der prägenden Merkmale der Gesellschaft in *Brave New World*. Das im Weltstaat existierende Wirtschaftssystem ist nach dem Muster des *Fordism* gestaltet. Dieses Modell, dessen Bezeichnung auf **Henry Ford** (1863–1947) zurückgeht, weist der Massenproduktion in Kombination mit Massenkonsum die zentrale Rolle für die Ökonomie zu. Nur durch das Zusammenspiel beider Aspekte ist wirtschaftliches Wachstum dauerhaft möglich. Standardisierung wird als Voraussetzung für eine erfolgreiche Massenproduktion gesehen. Dies bezieht sich zum einen auf die hergestellten Produkte, zum anderen aber auch auf die Produktions- und Arbeitsprozesse selbst. Jeder Arbeiter, der eine bestimmte Aufgabe im Herstellungsprozess ausführt, macht dies auf dieselbe Weise. Dazu kommt der Faktor der Kostenminimierung, was zur Folge hat, dass Maschinen einen immer größeren Teil der Arbeit übernehmen. Es werden in hohem Maße ungelernte Arbeiter eingesetzt, die nur noch den kleinen Bereich der ihnen zugewiesenen Aufgaben, nicht jedoch den gesamten Produktionsprozess überschauen.

Ein technisches Hilfsmittel, das Ford in die industrielle Fertigung von Automobilen einführte, war das **Fließband**. Wie keine zweite Neuerung verkörpert es den radikalen Wandel der industriellen Arbeitswelt im ersten Drittel des 20. Jahrhunderts. Es ermöglicht die Aufteilung des Produktionsprozesses in zahlreiche kleine Aufgaben, die immer gleich sind und von ungelernten Arbeitern ausgeführt werden können. Darüber hinaus bedeutet das Fließband eine Verstetigung des Produktionsvorgangs, denn die Arbeiter müssen dem vorgegebenen Rhythmus unbedingt folgen.

Fließbandproduktion bei Ford (1945)

Die auf diese Weise hergestellten Produkte brauchen allerdings auch eine entsprechend große Menge an Käufern. Dazu muss in der breiten Masse der Bevölkerung eine ausreichend große Kaufkraft vorhanden sein. Henry Ford stellte daher bei der Einführung der Fließbandarbeit den Arbeitern eine Lohnerhöhung in Aussicht. Doch die Menschen müssen auch hinsichtlich ihrer Freizeitgestaltung umdenken. Freizeit soll nicht mehr nur Zeit zur Entspannung sein, sondern muss mit Aktivitäten gefüllt werden, für die immer wieder neue Produkte benötigt werden. So wird eine **Steigerung des Konsums** erreicht. Zu viel Freizeit wird jedoch als negativ angesehen. Auch wenn es technisch möglich wäre, die Arbeitszeiten zu reduzieren, ist dies nicht erstrebenswert. Ein Übermaß an Muße könnte zum Nährboden radikaler Gedanken werden und die Macht der Industriellen gefährden.

Auf einer Reise in die USA in den Jahren 1925/26 konnte Huxley die enormen Veränderungen in Wirtschaft und Gesellschaft mit eigenen Augen sehen. Dieses Erlebnis floss unmittelbar in *Brave New World* ein. Ein Blick auf den Weltstaat zeigt, dass alle wesentlichen Elemente des Fordismus vorhanden sind. So besteht eine Verpflichtung der Bürger, möglichst viel zu konsumieren (vgl. S. 42). Freizeitbeschäftigungen, die ohne Konsum auskommen, sind strikt verboten. Neue Sportarten werden nur genehmigt, wenn dafür auch eine komplexe Ausrüstung benötigt wird (vgl. S. 25/26). Massenkonsum wird den Menschen in hypnopädischer Form eingeimpft. ("Ending is better than mending", S. 42.) Alleinsein oder Aufenthalte in der Natur sind nicht nur verpönt, sondern bilden geradezu Schreckensvisionen (vgl. S. 76–78).

Auch auf der Produktionsebene finden sich zahlreiche Entsprechungen zum *Fordism.* Das Fließband ist ein unerlässlicher Bestandteil der Arbeit im *Hatchery and Conditioning Centre.* Hier sieht man, dass die Menschen in der Neuen Welt schon vor ihrer „Geburt" dem Diktat des Fordismus unterworfen sind: Im Zuge ihrer künstlichen Erschaffung werden sie auf einem Fließband durch die einzelnen Stationen dieses Prozesses transportiert, wie Produkte industrieller Massenfertigung. Die Arbeiter hier und in anderen Fabriken sind nur in der Lage, die Arbeitsschritte auszuführen, die ihnen zugewiesen sind. Der Weltstaat hat es geschafft, einen entscheidenden Schritt voranzukommen. Durch entsprechende Behandlung bei der künstlichen Erschaffung und Konditionierung werden die Menschen für ihre jeweilige Arbeit bestens vorbereitet: Künftigen Chemiearbeitern wird z. B. eine hohe Toleranz chemischer Stoffe antrainiert und Ingenieure für Flugraketen werden auf die Aufgabe vorbereitet, während des Fluges außen an den Raketen Reparaturen vorzunehmen (vgl. S. 13). Die Bürger der Neuen Welt lieben ihre Arbeit, ganz gleich wie schwierig und unangenehm sie auch sein mag. Mustapha Mond erläutert, dass es technisch sehr einfach sei, die Arbeitszeiten der niederen Kasten auf drei bis vier Stunden pro Tag zu reduzieren. Dies wurde auch in einem Experiment ausprobiert, bei dem die tägliche Arbeitszeit nur noch vier Stunden betrug. Doch der Zugewinn an Freizeit wurde von den Menschen eher als Belastung empfunden, sodass der Soma-Konsum drastisch anstieg. Das *Inventions Office* ist gefüllt mit Vorschlägen, Arbeitszeit einzusparen, die jedoch nicht umgesetzt werden, weil man den Arbeitern nicht zu viel Freizeit zumuten möchte.

Auch das Wirtschaftssystem des Weltstaates dient letztlich einzig der Stabilitätssicherung. Massenkonsum und Massenproduktion sorgen für dauerhaften Wohlstand und ökonomischen Fortschritt. Die Menschen sind glücklich mit ihrem Leben und kommen nicht in Versuchung, eigene Gedanken zu entwickeln. Ihre Arbeit und die Freizeitbeschäftigungen füllen ihr Leben aus und lassen keinen Raum für abweichlerische Überlegungen.

4.4 Geschichte

„History is bunk" (S. 29) – Geschichte ist Nonsens: Mit diesem Satz fasst Mustapha Mond die Rolle von Geschichte in der Neuen Welt prägnant zusammen. Damit bezieht er sich auf ein Zitat von Henry Ford:

History is more or less bunk. It's tradition. We don't want tradition. We want to live in the present, and the only history that is worth a tinker's damn is the history that we make today.[10]

Betrachtet man, wie im Roman auf Geschichte eingegangen wird, so findet diese These ihre Bestätigung. Nur der Weltkontrolleur und der DHC nehmen Bezug auf historische Ereignisse, niemand sonst hat überhaupt Kenntnis davon. Aus der Zeit vor der Einführung des Weltstaates werden nur unzusammenhängende Bruchstücke berichtet. So gab es etwas mit der Bezeichnung Christentum, außerdem Pyramiden und jemanden namens Shakespeare (vgl. S. 39, 44). Hypnopädie und das Kastensystem wurden abgelehnt (vgl. S. 39/40). Freizeitbeschäftigungen waren z. T. kostenlos, erotische Spiele von Kindern gar verboten (vgl. S. 25, 27, 30–36). Die Entwicklung zum Weltstaat war ein langer, von Gewalt geprägter Prozess. Im Jahre 141 A.F. (= 2049 n. Chr.) begann der Neunjährige Krieg, in dem u. a. Anthraxbomben über Berlin und Paris abgeworfen wurden. Der folgende wirtschaftliche Zusammenbruch ließ nur die Wahl zwischen Untergang und Weltherrschaft. Die für Letzteres notwendigen Veränderungen wurden nicht gewaltsam, sondern wohlüberlegt durchgeführt – z. B. durch die Einführung einer allgemeinen Konsumpflicht. Nach einem Massaker im Britischen Museum änderten die Kontrolleure ihre Taktik grundlegend. Künstliche Erschaffung von Menschen, Konditionierung und Hypnopädie wurden jetzt eingesetzt, um den gewünschten Staat zu schaffen. Dies wurde mit einer Kampagne gegen die Vergangenheit verbunden, bei der Museen geschlossen, geschichtsträchtige Bauwerke gesprengt und Bücher verboten wurden (vgl. S. 43/44). Die erste Produktion von Soma 184 A.F. (= 2092 n. Chr.) war ein weiterer wichtiger Schritt.

In der Neuen Welt ist Vergangenheit ohne Bedeutung. Mond, der in seinem Vortrag vor den Studenten Jahrtausende Menschheitsgeschichte wie mit einem Handstreich beiseitewischt, ist eine der wenigen Figuren, über deren Vorgeschichte wir etwas erfahren (vgl. S. 198–200); dies gilt daneben nur noch für den DHC (vgl. S. 82–84). Alte Dinge besitzt allein der Weltkontrolleur, verschlossen im Safe seines Arbeitszimmers. Für alle anderen gilt der Grundsatz, stets Neues zu konsumieren. Mehr noch, sich in Erinnerungen an Vergangenes zu ergehen, wie der DHC es tut, ist eine Ungehörigkeit (vgl. S. 82). Die Verwünschung, jemand möge zum Teufel gehen, ist in der Neuen Welt entsprechend abgeändert. Bernard brüstet sich Helmholtz gegenüber damit, dem DHC an den Kopf geworfen zu haben: "I simply told him to go to the Bottomless Past." (S. 85)

Es stellt sich die Frage, warum Geschichte im Weltstaat so behandelt wird. Dazu muss man sich zunächst mögliche Funktionen der kritischen Auseinandersetzung mit der Historie vor Augen führen und diese dann mit ideologischen Prinzipien der Neuen Welt kontrastieren:

Funktionen von Geschichte im Kontrast zur Ideologie der Neuen Welt

Funktion von Geschichte	Ideologie des Weltstaates
• wichtig für Demokratie	• keine Demokratie vorhanden
• Voraussetzung für mündige Bürger	• mündige Bürger sind zu vermeiden, keine politische Partizipation möglich
• Voraussetzung für aktuelle Entscheidungen	• Bürger treffen keine wichtigen Entscheidungen
• Bestandteil von Erziehung und Bildung	• künstliche Erschaffung, Konditionierung, Hypnopädie
• Schlüssel zur Identität	• kein Individualismus
• wichtig für das Verständnis der Welt, Perspektivenwechsel	• nur das zur Erfüllung der Aufgaben erforderliche Wissen ist erlaubt
• Vergleich der gegenwärtigen Welt mit früheren Beispielen	• nur die aktuelle Welt ist wichtig, Vergleiche sind unerwünscht

Der Vergleich dieser Aspekte erklärt die Unterdrückung von Geschichte in der Neuen Welt. Alle Ziele und Vorteile der Beschäftigung mit der Vergangenheit stehen in krassem Gegensatz zu den Prinzipien des Weltstaates. Die Ablehnung von Geschichte ist ein weiteres Mittel zur Stabilitätssicherung in diesem Staat.

Eine Besonderheit bilden die Bezüge zu **Henry Ford**. Diese dürfen nicht als Beleg für eine positive Rolle von Geschichte missverstanden werden. Ford ist hier keineswegs als historische Persönlichkeit von Bedeutung, sondern als Vordenker und Begründer der Neuen Welt, ohne dessen Visionen die Entwicklung zum Weltstaat nicht denkbar gewesen wäre. Damit wird er aus seiner Epoche herausgelöst und ist nicht mehr an eine bestimmte Zeit gebunden. Dies ist auch die Wahrnehmung der Bewohner der Neuen Welt, die ihn als eine Art Übervater sehen; sein Name steht für alles Positive im Weltstaat.

Daneben spielt hier sicher auch die Entstehungszeit des Romans eine Rolle. Durch den Rückgriff auf Henry Ford als einen der bedeutendsten Akteure der amerikanischen Wirtschaft konnte Huxley die von ihm intendierte Kritik leicht an einem aktuellen, weltbekannten Beispiel verdeutlichen.

4.5 Religion

Religion existiert offiziell im Weltstaat nicht, weder in institutionalisierter Form noch im privaten Bereich. Dennoch begegnet Religion dem Leser nahezu überall. Zahlreiche Symbole und Namen mit religiösem Charakter prägen den Alltag der Menschen, quasi-rituelle Handlungen werden vollzogen.

Im Mittelpunkt steht Henry **Ford**, der mit gottähnlichen Attributen versehen ist und in vielen Bereichen die Rolle einnimmt, die in christlich geprägten Kulturen Gott innehat. Dies zeigt sich bereits bei alltäglichen Ausrufen; Fords Name, der sich auf *Lord*, einer gängigen Bezeichnung für Gott, reimt, hat diese ersetzt: „Oh, Ford!“ (S. 24, 39, 71, 105), „Thank Ford“ (S. 89), „Ford help“ (S. 187), „Ford knows“ (S. 83), „Our Ford“ (S. 20, 29), „Ford be praised“ (S. 188), „Ford keep you“ (S. 189) oder „Ford's in his flivver“ (S. 137, 186) – Letzteres eine Anspielung auf das **Modell T**, den ersten von Ford produzierten Wagen. Der DHC spricht von Mond als „his fordship“ (S. 38). Der Ausdruck „Straight from the horse's mouth“ (S. 2), direkt aus allererster Quelle, mit dem das Privileg der Studenten beschrieben wird, die Führung vom DHC persönlich zu erhalten, findet seine Steigerung in der Bewertung von Monds Anwesenheit: „Straight from the mouth of Ford himself“ (S. 29). *Big Henry* gibt die Stunden nicht durch Glockenschläge an, sondern durch den Ausruf „Ford“ (S. 68).

Statt sich zu bekreuzigen, macht man das T-Zeichen (vgl. S. 20, 69), wiederum eine Anspielung auf Fords Modell T. An Leninas Brust baumelt ein goldenes T (vgl. S. 155). Nach dem Neunjährigen Krieg wurden die Spitzen der Kreuze entfernt, das T übernahm von nun an ihre Funktion (vgl. S. 45). Der *Arch-Community-Songster* segnet mit diesem Zeichen Bernard, wie

Priester christlicher Konfessionen es tun (vgl. S. 153). Bezeichnenderweise wird das Zeichen auf dem Bauch angedeutet (vgl. S. 20), ein weiterer Hinweis dafür, dass es in der Neuen Welt ausschließlich um die Befriedigung irdischer Bedürfnisse geht. Daneben wird mit einem T das männliche Geschlecht eines Embryos in der Flasche angezeigt, im Gegensatz zu einem Kreis für fruchtbare und einem Fragezeichen für unfruchtbare Mädchen (vgl. S. 9/10).

Doch die religiöse Rolle Henry Fords beschränkt sich nicht auf die genannten Beispiele. Seine Autobiografie wird von der „Society for the Propagation of Fordian Knowledge" (S. 191) publiziert – ähnlich wie die 1899 gegründeten *Gideons International* sich die Verbreitung der Bibel zum Ziel setzten, z. B. in Hotelzimmern. Er wird sogar direkt mit Jesus verglichen. Dessen besondere Wertschätzung von Kindern spiegelt sich in Leninas Feststellung: "Our Ford loved infants." (S. 81)

Der *Solidarity Service* ist eine rituelle Handlung, die viele Parallelen zu christlichen Gottesdiensten und Anspielungen auf die Bibel aufweist. Wie die zwölf Jünger beim letzten Abendmahl versammeln sich auch hier zwölf Teilnehmer, die Lieder weisen zwölf Strophen auf. Die Menschen kommen zusammen, um „atonement" zu erlangen – was einerseits mit „Buße" oder „Sühne" zu übersetzen ist, andererseits aber auch die Erlösung der Menschheit durch Christi Tod am Kreuz bezeichnet. Wie in der christlichen Liturgie werden auch hier geweihte Hostien und ein Kelch herumgereicht, in diesem Fall mit geweihten Soma-Tabletten und Erdbeereis-Soma. Das Kommen des *Greater Being* wird durch Gesänge herbei gefleht. Wie bei der Taufe Jesu am Jordan spricht bei dieser Feier eine übernatürliche Stimme über den Köpfen der Teilnehmer und eine (hier schwarze) Taube erscheint bei dieser Feier. „Orgy-porgy" wird explizit als „liturgical refrain" beschrieben. (S. 69–73) Das *Fordson Community Singery*, das Gebäude, in dem unter anderem der *Solidarity Ser-*

vice abgehalten wird, erscheint wie eine riesige Kathedrale. Es besitzt vier Türme, ist angestrahlt und erleuchtet mit weißem Glanz die Umgebung (vgl. S. 67/68) – weiß ist ein weiterer Hinweis auf christliche Symbolik, in der diese Farbe für Reinheit steht. Neben der genannten Feier gibt es noch andere zentrale Festlichkeiten, wie die *Ford's Day Celebrations* oder *Community Sings* (vgl. S. 45), die ebenfalls hier abgehalten werden.

Auch in kleineren Dingen finden sich **religiöse Anspielungen**. Als John die Soma-Rationen aus dem Fenster wirft, beschreibt der Erzähler dies als „wanton sacrilege", als mutwillige Gotteslästerung (S. 187). Einer der Reporter, die John am Leuchtturm interviewen wollen, setzt seine technische Ausstattung mit rituellen Gesten in Betrieb (vgl. S. 220). Der aus dem christlichen Hochzeitsritus stammende Satz "What God has joined together, let not man put asunder" wird in *Brave New World* in bezeichnender Weise abgewandelt: "What man has joined, nature is powerless to put asunder." (S. 17)

Der Weltkontrolleur, der zahlreiche religiöse Schriften besitzt, führt mit John ein Zwiegespräch über Gott. Dessen Einwand, dass Gott sich nicht verändere, weist er zurück mit dem Hinweis, dass Menschen sich sehr wohl veränderten und dass dies entscheidend sei. Alle Gründe, die von Philosophen und Theologen für den Glauben an Gott vorgebracht wurden, haben nach Mustapha Mond in der Neuen Welt keinen Bestand mehr. Menschen altern nicht und leiden keinen Mangel, sie vergnügen sich ihr gesamtes Leben lang und sind immer glücklich. Die unerschütterliche Konstanz, die früher Gott verkörpert habe, liege jetzt in der unveränderbaren sozialen Ordnung begründet. Und für den Notfall gibt es immer noch Soma. Dennoch denkt Mond, dass ein Gott existiert, er sei jedoch abwesend. In Monds Augen ist der Gottesglaube nicht etwas Natürliches, sondern das Ergebnis von Konditionierung (vgl. S. 203–210). Diejenigen, die die

Gesellschaft organisieren, diktierten Gott die Regeln, sie seien mächtiger als die Vorsehung (vgl. S. 208).

Im Reservat hingegen ist Religion fester Bestandteil des Lebens. Doch auch hier findet man keinen überzeugenden Gegenentwurf zur Neuen Welt – zu chaotisch ist die Mischung aus heidnischen und christlichen Glaubenselementen sowie Merkmalen des Aberglaubens. So stehen Jesus und Maria neben Pookong, Etsanatlehi, dem Großen Adler, Mutter Erde und Vater Himmel, Awonawilona als dem Erschaffer der Welt oder Ahaiyuta und Marsailema, den Göttern des Krieges und des Zufalls. Auch in die Riten sind Elemente unterschiedlichster Religionen eingeflossen, das Blutopfer zur Besänftigung der Götter spielt z. B. eine bedeutende Rolle (vgl. S. 89–101, 111–119.)

Religion passt, wie auch Mustapha Mond ausführt, ganz und gar nicht in die Neue Welt. Der Glaube an Gott sei weder instinktiv gegeben noch überhaupt erforderlich. Zudem fehlt in der Neuen Welt jede Form von Transzendenz (= Aussagen zum Leben nach dem Tod), die einen wesentlichen Bestandteil vieler Religionen bildet. Allen ist bekannt, dass mit 60 Jahren das Leben endet. Selbst nach dem Tod, dem durch eine entsprechende Konditionierung jeder Schrecken genommen wird, leisten die Menschen noch einen Beitrag für die Gesellschaft, indem bei ihrer Verbrennung Phosphor gewonnen wird.

Darüber hinaus ist unklar, worum es sich bei dem *Greater Being* handelt, dessen Kommen im *Solidarity Service* erfleht wird. Henry Ford scheidet aus, denn laut Mond gibt es ja keinen Gott, der als Person greifbar wäre. Außerdem würde dies bedeuten, dass doch ein Leben nach dem Tode existiert – auch dies steht im Gegensatz zur Lehre des Staates. Viel naheliegender ist es, in diesem größeren Wesen die in der Feier erstrebte Gemeinschaft der Teilnehmer zu sehen, deren Existenz damit in einem übergeordneten Ganzen aufgeht, das wiederum größer ist als die Summe der einzelnen Bestandteile. Die völlige Aufgabe der eigenen Person zum Wohle der Gemeinschaft – und somit des Staates – ist das höchste Gut.

Warum also integriert Huxley so viele religiöse Anspielungen in seinen Roman? Man darf davon ausgehen, dass diese Aspekte der Mehrheit seiner Leserschaft bekannt waren, sodass die Verkehrung des eigentlichen religiösen Charakters offenkundig wird. Damit ist dies also ein weiteres Mittel, um die **Pervertierung grundlegender Werte** in der Neuen Welt bloßzustellen. Daneben fällt jedoch noch eine zusätzliche Funktion auf. Indem religiöse Ideen auf den wirtschaftlichen Bereich übertragen werden, wird eine massive **Kritik an gesellschaftlichen Entwicklungen** geäußert, die materialistische Gesichtspunkte zum Lebenszweck erheben.

5 Interpretation von Schlüsselstellen

Der Romananfang (S. 1/2)

Die ersten acht Absätze von *Brave New World* bergen eine Fülle von Informationen, die für das Verständnis des Werkes wichtig sind. Bereits die erste Zeile enthält einen Hinweis darauf, dass die beschriebene Welt nicht die ist, die sie zu sein scheint. Huxley beginnt seinen Roman mit einem elliptischen Satz ohne Prädikat („A squat grey building of only thirty-four storeys", S. 1), eine unübliche und ganz gezielt eingesetzte Technik. Das erwähnte Gebäude ist „squat" und „grey", insgesamt also unauffällig und eigentlich nicht erwähnenswert, zumindest würde niemand in seinem Innern etwas von Bedeutung erwarten. Zudem hat es „nur" 34 Stockwerke – für den Erscheinungszeitraum von *Brave New World* ein ungewöhnlich hoher Bau. In der Neuen Welt scheint dies jedoch anders zu sein. Dadurch wird zum einen der enorme technologische Fortschritt deutlich. Zum anderen verliert das beschriebene Gebäude weiter an Wert.

Im zweiten, ebenfalls elliptischen Satz, werden die Inschriften am Eingang erwähnt. Diese verdeutlichen, dass es sich um ein offizielles Gebäude handeln muss, dass der Schauplatz der Handlung in London liegt, und dass es keine Nationalstaaten mehr gibt. Wenn auch die Bedeutung des Gebäudes durch die erwähnten Aspekte geringer erscheint, so weist die Tatsache, dass es unmittelbar zu Beginn des Romans erwähnt wird, zugleich auf eine wichtige Rolle im Werk hin. Gleiches gilt auch für das Motto des Weltstaates.

Obwohl das Gebäude eher klein erscheint, hat der Raum im Erdgeschoss doch eine enorme Größe, es scheint also Kapazitäten zu geben, die von außen nicht sofort ersichtlich sind. Auch wenn draußen Sommer herrscht und im Gebäude sogar tropische Temperaturen, ist das Licht im Raum kalt: "The light was frozen, dead, a ghost." (S. 1) Dies ist eine vollkommen unnatürliche Szenerie. Licht ist normalerweise warm und angenehm, hier wird es in etwas Gegensätzliches verwandelt. Dasselbe gilt für die Assoziation mit Leben, die mit Licht generell verknüpft wird. Hier treten dagegen **Assoziationen mit dem Tod** auf. Der Lichtstrahl sucht gleichsam verzweifelt nach etwas Lebendigem, findet aber nichts Derartiges. Menschliches Leben sucht man vergebens, Glas, Nickel und Porzellan bestimmen den Ort. Diese Atmosphäre wird durch den Satz "wintriness responded to wintriness" (S. 1) noch verstärkt, sind doch „frigidity", „frostiness" oder „iciness" in diesem Begriff enthalten. Auch die leichenfarbenen Handschuhe weisen auf den Tod hin; dies scheint auch der Gegenstand der Beschäftigung der Arbeiter zu sein. Einzig die Mikroskope geben dem Licht etwas Leben. ("Only from the yellow barrels of the microscopes did it borrow a certain rich and living substance", S. 1.) Die Tatsache, dass dies nicht durch etwas Lebendiges, sondern durch ein mechanisches Instrument erzeugt wird, unterstreicht die Verkehrung der Verhältnisse.

Ohne jegliche Einführung betritt der DHC im dritten Absatz die Szene. Er ist die erste Figur, die der Leser kennenlernt, was seine Bedeutung als Vertreter des Systems in der Neuen Welt hervorhebt. Obwohl der Direktor eintritt, schauen die Arbeiter nicht einmal von ihren Mikroskopen auf. Sie sind in ihre Arbeit vertieft, die offensichtlich so wichtig ist, dass sie nicht unterbrochen werden kann. Die Studenten hingegen sind von der Anwesenheit des DHC – und vom Zentrum selbst – sehr beeindruckt. Sie folgen dem Direktor nervös, geradezu unterwürfig. Dies betont erneut die wichtige Rolle des DHC und des Zentrums. Trotz der Bedeutung dieser Einrichtung sollen die Mitarbeiter sich nur in ihrem jeweiligen Bereich auskennen, vom gesamten System höchstens eine sehr allgemeine Vorstellung erhalten. Damit wird eines der grundlegenden Prinzipien des Weltstaates deutlich, dem daran gelegen ist, seine Bürger in vielen Bereichen in Unwissenheit zu halten ("For particulars, as everyone knows, make for virtue and happiness; generalities are intellectually necessary evils", S. 2) – eine Position, die man in einer technologisch so hoch entwickelten Gesellschaft nicht erwarten würde.

Die Tatsache, dass die Führung durch den DHC ein seltenes Privileg darstellt und die Studenten Informationen „straight from the horse's mouth" (S. 2) erhalten, zeigen, dass der Direktor ein äußerst wichtiger Mann ist. Darüber hinaus wird klar, dass er diese Stellung genießt und jedem neuen Mitarbeiter von Anfang an klarmachen will, denn "[he] always made a point of personally conducting his new students round the various departments" (S. 2). Auch wenn er hier den Studenten gegenüber freundlich ist, scheint dies nicht immer der Fall zu sein. Das Oxymoron „a slightly menacing geniality" (S. 2) deutet an, dass sein Verhalten nicht authentisch ist. Dem Leser wird so eine Vorahnung vermittelt, die auf zukünftige Probleme verweist. Das Aussehen des Direktors wird in Einzelheiten beschrieben, Aussagen zu seinem Alter fehlen jedoch. Alter wird zudem als etwas beschrieben, das in der Neuen Welt unbedeutend ist. Dadurch wird die Neugier des Lesers geweckt. Das gilt auch für die Bezeichnung „in this year of stability, A.F. 632" (S. 2), für die der Leser eine Erklärung erwartet.

Die ersten acht Absätze vermitteln wichtige Hintergrundinformationen und wecken das Interesse des Lesers. Daneben nimmt der Leser jedoch gleich zu Beginn eine kritische Haltung ein; er entwickelt Wachsamkeit und eine Vorahnung, dass der äußere Schein in dieser Welt trügen könnte. Dies fördert Huxley, indem er ein völlig falsches Bild des Zentrums vermittelt. Es scheint mit dem Tod verbunden zu sein, ist in Wirklichkeit aber der Ort, an dem alles menschliche Leben erschaffen wird. Genau wie die Realität im Zentrum im Gegensatz steht zu den Erwartungen des Lesers, so stehen auch die dort durchgeführten Arbeiten im Widerspruch zu den Gesetzen der Natur.

Linda und John treffen den DHC (S. 127–132)

Die ersten Absätze beschreiben, was an diesem Tag im *Hatchery and Conditioning Centre* geschieht. Es ist genau 13:27 Uhr, alles ist in bester Ordnung und geht seinen geregelten Gang:

> *The hands of all the four thousand electric clocks in all the Bloomsbury Centre's four thousand rooms marked twenty-seven minutes past two. [...] On all the eleven floors of Nurseries it was feeding time.* (S. 127)

Es herrscht eine entspannte Atmosphäre. Die Mitarbeiter singen oder pfeifen vergnügt und machen Witze.

All dies bildet die **Kontrastfolie** für die nun folgende Handlung. Denn der DHC, der den *Fertilizing Room* betritt, ist offensichtlich in ganz anderer Stimmung. Sein Gesichtsausdruck ist „grave, wooden with severity" (S. 128), was in krassem Gegensatz zu der ihn umgebenden Heiterkeit steht. Damit wird deutlich, dass etwas sehr Schwerwiegendes bevorsteht. Der Leser fragt sich, was der Grund für den Missmut des Direktors sein mag. Auch als der DHC zu Henry Foster spricht, wird nicht vollends deutlich, auf wen er sich bezieht. Er erwähnt keinen Namen, sondern spricht nur von „he". Klar ist jedoch, dass es um einen groben Verstoß geht, denn es soll ein öffentliches Exempel statuiert werden, das möglichst viele Alphas miterleben. Der Übeltäter, ebenfalls ein Alpha, hat mit seinem unorthodoxen Verhalten an den Grundfesten der Gesellschaft gerüttelt. Er wurde seiner hohen intellektuellen Kompetenz und der damit einhergehenden moralischen Verpflichtung nicht gerecht. Da die Stabilität der Gesellschaft auf dem Spiel steht, ist das Schicksal eines Einzelnen nicht erheblich. Dessen Vergehen ist schlimmer als ein Mord, denn dadurch wird nur ein Mensch beseitigt, nicht aber der Staat in Gefahr gebracht. Zudem sei es kein Problem, einfach neue Menschen zu erschaffen. Hier drängt sich die Frage auf, wie es in dieser augenscheinlich perfekten Welt etwas wie Mord überhaupt geben kann. Neben der offiziellen Begründung des Direktors für die bevorstehende Bestrafung ist auch Rache als ein wichtiges Motiv für sein Handeln anzusehen, geht es doch um Bernard Marx, dem gegenüber er sich eine Blöße gegeben und von seiner Vergangenheit gesprochen hat (vgl. S. 84/85).

Bernard ist sichtlich nervös und spricht mit unsicherer Stimme. Ganz anders der DHC, der ihn mit bedeutungsschwerem Ausdruck begrüßt und ihn behandelt wie eine Schlange ihr Opfer. Er unterbricht die Arbeit im *Fertilizing Room*, um die Aufmerksamkeit der Arbeiter zu erhalten. Dies ist ein unerhörter Vorgang, denn der Direktor greift massiv in die Ordnung ein. Es muss sich also um etwas ungeheuer Wichtiges handeln. In absoluter Stille hält er ein Plädoyer – wie ein Staatsanwalt. Voller Heuchelei („painful duty“, S. 129) und mit pathetischen Worten („to whom so much has been given“, ebd.) listet er die Anklagepunkte auf. Seine eigene Orthodoxie unterstreicht er mit dem Zeichen des T. Der Direktor ist nicht nur Staatsanwalt, sondern zugleich der Richter, der das Urteil verkündet: Bernard wird auf eine weit entfernte Insel verbannt, nach Island, wo er der Gesellschaft nicht mehr schaden kann. Mit majestätischem Habitus wendet er sich an Bernard, den er nun, da dieser kein vollwertiges Mitglied der Gesellschaft mehr ist, nur mit „Marx“ anredet. Er gibt ihm Gelegenheit zur Stellungnahme, eigentlich nur eine Formalie, mit der der DHC sein korrektes Verhalten betonen will. Er rechnet gewiss nicht mit einer Erwiderung, denn Bernards Verfehlungen sind allgemein bekannt.

Überraschenderweise hat Bernard doch etwas vorzubringen und tut dies, anders als zu Beginn, mit lauter Stimme. Es heißt dann, “the reason came in and showed itself” (S. 130) – es ist also zunächst nicht von Linda als Person die Rede. Dies erhöht zum einen die Spannung, zum anderen wird dadurch auch unterstrichen, dass Bernard Linda nicht zu ihrem Wohl mit in die Neue Welt nahm, sondern nur zu seinem eigenen Nutzen. Schon als John ihm von seiner Mutter und seinem Vater berichtete, schmiedete Bernard den Plan, Linda gegen den DHC zu benutzen (vgl. S. 101).

Lindas Auftritt löst Erschrecken und Verwunderung aus. Wie ein Wesen von einem anderen Stern erscheint sie inmitten all der perfekten Körper. Sie spricht den DHC an und umarmt ihn – zu dessen Entsetzen und zur Belustigung der Zuschauer. Der Direktor erkennt sie nicht und glaubt, es handle sich um einen schlechten Scherz. Linda wird immer unsicherer. Als sie ihm von dem Baby berichtet, ist die Spannung im Raum greifbar. Der DHC wird ganz blass und starrt sie sprachlos an. Die Spannung wird unfreiwillig durch John aufgelöst. Er kniet vor dem DHC nieder und nennt ihn „my father" – ein Ausdruck, der als weit weniger schlimm gilt als das Wort „mother". Somit können die Zuschauer ohne Bedenken über die Skurrilität der Szene laut lachen. In diesem kollektiven Lachanfall werden sechs Reagenzgläser mit Spermien umgeworfen. Dies versinnbildlicht die Bedeutung, die diese Störung der Ordnung innehat.

Von Arroganz ist beim DHC jetzt nichts mehr zu sehen. Verwirrt und gedemütigt läuft er vor dem Gelächter aus dem Zentrum davon, die Hände auf die Ohren gepresst. Es ist ein öffentliches Exempel statuiert worden, doch er selbst ist das Opfer.

In diesem Kapitel treffen die unterschiedlichen Welten aufeinander. Waren es vorher Vertreter der vermeintlich überlegenen Zivilisation, die das Reservat aufsuchten (vgl. Kapitel 7/8), ist es nun umgekehrt. Menschen aus dem Reservat betreten die Neue Welt: Linda, die zwar im Weltstaat aufgewachsen ist, aber lange bei den Indianern lebte, und John, der zum ersten Mal das Reservat verlässt und die Neue Welt nur aus den Schilderungen seiner Mutter kennt. Sie werden den staunenden Betrachtern als exotische Wesen vorgeführt – wie im 16. Jahrhundert Menschen und Tiere aus fernen Ländern bei Volksfesten als Attraktion präsentiert wurden. Die Menschen der Neuen Welt kennen Indianer höchstens aus Filmen (vgl. S. 141: Film über das Reservat im Unterricht; S. 146: „gigantic Negro" als Hauptdarsteller in *Three Weeks in a Helicopter*) – mit eigenen Augen hat sie aber kaum jemand gesehen, denn ein Besuch im Reservat ist nur wenigen erlaubt (vgl. S. 76).

Nicht zuletzt wird hier auch die Ordnung wiederhergestellt. Denn anders als der DHC glaubt, ist es nicht Bernard allein, der die Stabilität bedroht. Er selbst hat gegen die Regeln verstoßen, als er mit Linda ein Kind zeugte und sie dann im Stich ließ. Die Schwangerschaft als solche ist nicht das Problem, dies scheint häufiger vorzukommen, da es auch eine Abtreibungsklinik gibt (vgl. S. 103). Dass das Kind jedoch ausgetragen und auf die Welt gebracht wurde, ist ein krasser Verstoß gegen die Regeln. Wer sich dieses Vergehens schuldig macht, kann keine derart verantwortungsvolle Position bekleiden wie der DHC.

Bernard Marx fällt in Ungnade (S. 150–154)

Schon der erste Satz des 12. Kapitels zeigt, dass etwas Gravierendes geschehen sein muss. Bernard ruft durch eine verschlossene Tür, hinter der sich John befindet. Sofort wird klar, dass das Verhältnis der beiden grundlegend verändert ist. Johns Wunsch nach Distanz zu Bernard ist deutlich erkennbar, während im vorhergehenden Kapitel beschrieben wird, wie Bernard John die Neue Welt zeigt. Nun ist von Gemeinsamkeit keine Rede mehr. Bernard ist verzweifelt, denn seine Gäste warten auf John. Sie sind seiner Einladung offensichtlich nur gefolgt, weil dies ihnen die Möglichkeit eröffnet, John zu treffen; Bernard selbst spielt keine Rolle. Doch Bernards Bitten und Betteln nützt nichts, John lässt sich nicht erweichen. Im Gegenteil, er brüllt Bernard an und beschimpft ihn. Dessen weinerlicher Einwand, der *Arch-Community-Songster* sei doch unter den Gästen, führt bei John zu einem Wutausbruch. Nur in Zuñi, der Sprache der Indianer, kann er seinem Zorn Ausdruck verleihen, wie Popé spuckt er dabei auf den Boden. Der Gegensatz zwischen Bernard und John könnte krasser nicht sein. Während Ersterer weinerlich und voller Verzweiflung ist, was auch in seiner Wortwahl deutlich zum Ausdruck kommt, zeigt Letzterer große Entschlossenheit, die sich ebenfalls in seiner Sprache niederschlägt.

Bernard muss schließlich seinen Gästen gestehen, dass John sie nicht treffen möchte. Damit zieht er sich deren Zorn zu. Die Männer fühlen sich getäuscht, da sie sich eigentlich mit einer so unbedeutenden Person wie Bernard, die noch dazu einen schlechten Ruf hat, nicht abgeben. Die Frauen, allen voran die Schulleiterin von Eton, sehen sich ebenfalls als Opfer von Bernards Intrige, mit dem sie unter normalen Umständen nie geschlafen hätten. Hier wird nochmals deutlich, dass Bernard als Person von den Mitgliedern seiner Kaste nicht als gleichwertig angesehen wird.

In einer Nebenhandlung tritt Lenina auf. Sie ist von den anderen Gästen isoliert und befindet sich in ihrer eigenen Welt. Ihre Gedanken kreisen ausschließlich um John. Sein bisheriges Verhalten ihr gegenüber hat bei ihr eine ungewohnte Melancholie ausgelöst. Nun will sie selbst handeln und ihm sagen, dass sie ihn mag. Der Gedanke an seine Antwort lässt sie erröten. Aus diesen Überlegungen wird sie durch Bernards Ankündigung herausgerissen. Eine schreckliche Leere, gepaart mit „breathless apprehension, a nausea“ (S. 152) überkommt sie. Sie erlebt Gefühle, die sie sonst nur vom *V.P.S. treatment* kennt. Sie ist schnell davon überzeugt, dass sie der Grund ist, warum John wegbleibt. Schlimmer könnte es für sie nicht kommen. Ohne jede Begeisterung und ohne sich der ihr erwiesenen Ehre bewusst zu werden, geht sie mit dem *Arch-Community-Songster* nach Hause.

Bernard hingegen erlebt seinen eigenen Untergang. Zwar kann er die Gäste zum Bleiben animieren, die jedoch ignorieren ihn, beleidigen ihn oder sprechen über ihn, als wäre er nicht da. Die alten Gerüchte über zu viel Alkohol in seinem Blut während des Erschaffungsprozesses werden wieder laut. Bernards Bild von seiner eigenen Wichtigkeit wird mehr und mehr zerstört. Er ist völlig durcheinander und stammelt unterwürfig unzusammenhängende Entschuldigungen. Dabei sollte dieser Abend die Krönung seiner neuen Rolle sein. Auf Leninas Rat hin hat er den *Arch-Community-Songster* eingeladen und dessen Kommen auf die Einladungskarten drucken lassen. Doch ausgerechnet jetzt verweigert John sich. Sein Ehrengast beendet schließlich den Abend, doch bevor er mit Lenina weggeht, richtet er das Wort an Bernard. Herablassend spricht er ihn als „my young friend" (S. 153) an und mit Grabesstimme gibt er ihm den Rat, sich zu bessern, bevor es zu spät sei. Mit dem Zeichen des T schließt er diese Zeremonie ab. Als kurz darauf auch die anderen Gäste Bernards Wohnung verlassen, ist er völlig allein, genau wie er es John bei ihrem ersten Gespräch beschrieb („terribly alone", S. 118). Am Boden zerstört beginnt er zu weinen. Entgegen seiner Gewohnheit nimmt er Soma, um die Demütigung zu vergessen. Bestand er früher noch darauf, ohne diese Droge auszukommen und selbstbestimmt zu leben, so muss er sich nun eingestehen, dass dies eine Illusion war. Er ist vollends gescheitert.

In diesem Kapitel finden die Veränderungen in Bernards Leben in der Neuen Welt ihr Ende. Am Anfang des Romans begegnet er dem Leser als Außenseiter, der kurz vor der Verbannung auf eine Insel steht und dies nur verhindert, indem er Linda und John aus dem Reservat mitnimmt. Durch John erlebt Bernard plötzlich ungeahnte Popularität. Dies beruht jedoch nicht auf seinen eigenen Vorzügen, was in dem Moment deutlich wird, in dem seine Rolle als Johns Mentor beendet ist. Jetzt schlägt die Situation in ihr Gegenteil um, Bernard ist nun sogar verhasster und isolierter als je zuvor.

Auch für John ist diese Stelle bedeutsam. Erstmals hat er seine Abneigung gegen den Weltstaat in eine Handlung umgesetzt, während er dies vorher nur mit Worten ausdrückte. Die Ablehnung der Werte der Neuen Welt ist so fundamental, dass auch seine Beziehung zu Bernard nicht mehr ausreicht, damit er gute Miene zum bösen Spiel macht. Obwohl Bernard ihn anfleht und John klar wird, wie wichtig der Abend für ihn ist, hilft er ihm nicht, sondern nimmt bewusst die Folgen für Bernard in Kauf.

Nicht zuletzt ist dieses Kapitel in Bezug auf Lenina sehr wichtig. Ihre Gefühle für John werden deutlich. Sie übersteigen das im Weltstaat akzeptierte Maß bei Weitem. Lenina ist offensichtlich verliebt, etwas, das unter allen Umständen vermieden werden sollte. Diese Liebe jedoch entspricht nicht etwa traditionellen Liebeskonzepten, sondern resultiert ausschließlich aus sexueller Begierde, die durch die bisherige Ablehnung von Johns Seite nur noch gesteigert wird.

Johns Revolte (S. 183–190)

An den in diesem Kapitel beschriebenen Ereignissen sind unterschiedliche Figurengruppen beteiligt. Im Mittelpunkt steht John, der völlig aufgewühlt ist vom Tod seiner Mutter und zufällig Zeuge der Verteilung der täglichen Soma-Ration an die Mitarbeiter des Krankenhauses wird. Zunächst nimmt er seine Umgebung gar nicht wahr, erst als die versammelten Deltas sich beklagen, dass er sich grob einen Weg durch die Menge bahnt, wacht er auf. Voller Abscheu registriert er die Gleichheit der ihn umgebenden Menschen. Genau wie kurz zuvor bei Lindas Tod weiden sie sich wie Maden an seinem Unglück: "Maggots again, but larger, full grown, they now crawled across his grief and his repentance." (S. 184) Zu allem Überfluss muss er ausgerechnet jetzt wieder an die Passage aus Shakespeares *The Tempest* denken („[…] O brave new world“); nichts könnte dazu in größerem Kontrast stehen als die gegenwärtige Szene. Plötzlich jedoch, als sei ein Vorhang beiseitegeschoben worden, wird ihm klar, was zu tun ist. Linda war eine Sklavin von Soma und ist deshalb gestorben. John sieht es als seine Aufgabe, die Deltas vor diesem Schicksal zu bewahren. Mit pathetischen Worten beschwört er sie, auf die Droge zu verzichten. Da die gewünschte Reaktion ausbleibt, wandelt sich Johns Motivation in Hass. Er beschimpft die Deltas als unmündige Babys, unfähig, freie Menschen zu sein. Um ihnen eine Lektion zu erteilen, wirft er die Soma-Tabletten aus dem Fenster. An dieser Stelle wird klar, wie wenig John von der Neuen Welt versteht. Der Gedanke, dass diese Menschen mit ihrem Leben zufrieden sein könnten und überhaupt nicht „gerettet“ werden möchten, ist für ihn unvorstellbar. Seine eigenen Überzeugungen stehen in fundamentalem Widerspruch zu den Prinzipien des Weltstaates.

Auch Bernard und Helmholtz spielen in dieser Passage eine Rolle. Sie werden durch einen Anruf von den Vorgängen im Krankenhaus informiert und eilen dorthin. Die Szenerie, die sich ihnen bietet, löst gegensätzliche Reaktionen aus. Bernard ist überzeugt, dass John verrückt geworden ist. Mit dem Ausspruch “Ford help him!” (S. 187) wendet er sich ab. Er schafft es kurz darauf auch nicht, seinen Freunden zu helfen. Er rennt in ihre Richtung, bleibt dann aber stehen, macht wieder ein Schritt vorwärts und hält wieder an. Er ist gefangen in „an agony of humiliated indecision“ (S. 188). Einerseits fürchtet er, dass John und Helmholtz getötet werden, wenn er ihnen nicht hilft, andererseits glaubt er, dass er sterben wird, wenn er eingreift. Für ihn ist die Ankunft der Polizei eine Erlösung. In wildem Aktionismus ruft er um Hilfe und hört nicht auf zu schreien, bis er von einem der Polizisten betäubt wird. Nachdem die Situation entschärft ist, versucht Bernard, sich davonzuschleichen. Nicht nur, dass er auch jetzt seine Freunde im Stich lassen will, selbst als ihn ein Polizist anspricht, zögert er zunächst, seine Freundschaft zu John und Helmholtz zuzugeben. Ganz anders Helmholtz: Mit einem Freudenschrei bahnt er sich einen Weg durch die Menge und hilft John. Beide lassen sich widerstandslos festnehmen.

Die Deltas stehen hier beispielhaft für die Ergebnisse der künstlichen Erzeugung von Menschen kombiniert mit *Boka-*

novskification. Unter den 84 Frauen und 78 Männern gibt es nur zwei Gesichter und zwei Stimmen. Regen sie sich anfänglich über Johns Verhalten auf, so vergessen sie seine Anwesenheit, sobald die Soma-Verteilung angekündigt wird. Obwohl dies ein täglich wiederkehrendes Ritual ist, schauen sie staunend auf den Koffer mit Soma. Johns Appell löst bei ihnen zunächst Verwunderung aus. Sie verstehen nicht, was er von ihnen will. Sein Aufruf, die Droge wegzuwerfen, dringt jedoch weiter vor und löst Verärgerung aus. Als er dies in die Tat umsetzt, sind sie kurz wie versteinert, greifen John dann aber an. Dessen Handlung ist, anders als seine Worte, so klar und eindeutig, dass selbst die Deltas in ihrer ausgeprägten Dummheit deren Tragweite verstehen.

Der *Deputy-Sub Bursar*, der mit der Soma-Verteilung beauftragt ist, behandelt die Deltas wie kleine Kinder, er fordert sie auf, sich ordentlich anzustellen und nicht zu drängeln. Seine Androhung, die Ausgabe zu stoppen, wenn sie sich nicht benehmen, sorgt sofort für Ordnung. Diese herablassende Art findet ein abruptes Ende, als er John sieht. Er hat Angst und spricht besänftigend auf ihn ein. Dabei klopft er ihm vorsichtig auf den Arm, als ob er ein besonders gefährliches Tier streichelt. Dies zeigt, dass er nicht weiß, wie er mit ihm umgehen soll. Als die Situation eskaliert, schleicht er sich hinaus und ruft die Polizei.

Kurz darauf erscheinen die Polizisten und setzen ihre ganz spezifischen Mittel ein, um Ruhe zu schaffen. Sie versprühen Soma und Betäubungsmittel und lassen – wie beim *Solidarity Service* – eine beruhigende Stimme vom Band sprechen. Nach nur zwei Minuten haben es die neun Polizisten geschafft, 162 Deltas sowie John, Helmholtz und Bernard zu beruhigen. Die Deltas umarmen und küssen sich, selbst John und Helmholtz sind kurz davor, in Tränen auszubrechen. Auffällig ist hier, dass Helmholtz ganz offensichtlich nicht so anfällig für die eingesetzten Mittel ist wie andere Bewohner der Neuen Welt.

In diesem Kapitel kulminiert Johns Ablehnung des Weltstaates in offener Revolte. Jetzt ist seine Handlung nicht mehr auf den privaten Bereich beschränkt, sondern findet in einem öffentlichen Raum statt. Die Staatsmacht kann dies nicht ignorieren, sondern ist zum Handeln gezwungen. Darüber hinaus zeigt sich sehr deutlich, wer als echter Freund gelten darf. Während Bernard an dieser Prüfung kläglich scheitert, zeichnet sich Helmholtz als unerschrockener Helfer aus.

Die Ereignisse im Krankenhaus werfen jedoch eine Frage auf, für die es keine überzeugende Antwort gibt. Die Menschen werden künstlich erschaffen und intensiv konditioniert; bei eventuellen Problemen können sie jederzeit auf Soma zurückgreifen. Sie führen ein glückliches, sorgenfreies Leben. Warum also existiert in einem solchen Staat eine Polizei, noch dazu mit der beschriebenen Ausstattung, die die Schlussfolgerung nahelegt, dass sie häufiger zum Einsatz kommt. Auch die Tatsache, dass das eingesetzte Band als „Synthetic Anti-Riot Speech Number Two (Medium Strength)“ (S. 188/189) bezeichnet wird, weist darauf hin, dass mehrere solcher Aufnahmen vorhanden sind. Wenn bei dem geschilderten Aufruhr nur mittlere Stärke eingesetzt werden muss, bleibt zu fragen, bei welchen Anlässen auf noch stärkere Versionen zurückgegriffen werden muss. All dies passt offensichtlich nicht zum Roman. Huxley wollte Johns aktiven Widerstand zeigen, es genügte nicht mehr, dessen Ablehnung in Gesprächen mit anderen Figuren zum Ausdruck zu bringen. Um dies zu erreichen, wählte Huxley diese offene Revolte, die aber in irgendeiner Form auch wieder beendet werden musste. Als Lösung dient hier die Polizeieinheit, die noch dazu mit äußerst unkonventionellen Mitteln agiert. Erwartet der Leser angesichts der Gasmasken den Einsatz von Tränengas oder Ähnlichem, so ist seine Überraschung umso größer, wenn er die tatsächlichen Methoden kennenlernt. Dabei bleibt jedoch das oben angesprochene prinzipielle Problem ungelöst.

Brave New World und *Nineteen Eighty-Four*

Der Vergleich der beiden großen englischen **Anti-Utopien** des 20. Jahrhunderts zeigt einige Parallelen, aber auch grundlegende Unterschiede.[11]

Die Gesellschaft in Huxleys Neuer Welt und in George Orwells Oceania im Roman *Nineteen Eighty-Four* sind durch das Fehlen jedweder Individualität gekennzeichnet. Im Weltstaat (d. h. in *Brave New World*) sind private Aktivitäten verpönt, die alleine durchgeführt werden; mittels Konditionierung wird den Bürgern eine regelrechte Abscheu davor eingeimpft. In Orwells Staat steht so etwas sogar unter Strafe *(ownlife)*. In beiden Dystopien sind die Menschen in starre Gruppen eingeteilt, die auch äußerlich an der Farbe der Kleidung unterschieden werden können. Den fünf Kasten in *Brave New World* stehen in *Nineteen Eighty-Four* die Gruppen der *Inner Party* (schwarz), der *Outer Party* (blau) und der *Proles* gegenüber. Auch sie haben klar definierte Rollen und nahezu keine Möglichkeit, aus ihrer jeweiligen Gruppe auszubrechen. Die Mitglieder der Inneren Partei haben nicht nur alle Macht, sondern genießen auch einen vergleichsweise hohen Lebensstandard, während der Rest der Bevölkerung kaum genug zum Leben hat. Die *Outer Party* ist das Rückgrat des Staates und führt die Anordnungen der *Inner Party* aus. Die Proletarier, die völlig ungebildet sind, zählen nur als Arbeitskräfte für niedere Tätigkeiten.

Ein wesentliches Ziel beider Staaten besteht in der **Stabilitätssicherung**. Auch hier fallen zunächst einige Gemeinsamkeiten auf. So ist die Rolle der Geschichte durchaus vergleichbar. Im Weltstaat gab es eine Kampagne, die alles, was mit Geschichte zu tun hat, auslöschte. Diese Furcht treibt auch die Machthaber Ozeaniens um, die jedoch noch einen Schritt weiter gehen. Sie sorgen dafür, dass die Geschichte immer wieder umgeschrieben wird, sodass alle Maßnahmen der Partei stets im Einklang mit der früheren Politik erscheinen. So wird in der Bevölkerung der Eindruck eines kontinuierlichen Fortschritts erweckt. Daneben greifen sie zur Manipulation der Bevölkerung ebenfalls auf ein regelmäßiges Ritual zurück. Anders jedoch als beim 14-tägigen *Solidarity Service*, der das Aufgehen des Einzelnen in der Gemeinschaft zum Ziel hat, geht es bei Orwells täglichem *Two Minutes Hate* darum, bei den Zuschauern Angst und Hass auf den stilisierten Gegner Goldstein zu erzeugen und dadurch die Treue zum eigenen Staat zu festigen.

In beiden Romanen findet man **Gegenwelten**, die jedoch als ernsthafte Alternativen zu den bestehenden Systemen letztlich nicht infrage kommen. Bei Huxley handelt es sich hierbei um das Reservat und den Leuchtturm, Johns zum Scheitern verurteilten Rückzugsort. Der Protagonist Winston Smith in *Nineteen Eighty-Four* versucht, in einem Zimmer im Proletarierviertel mit seiner Geliebten zumindest für einige Stunden ein normales Leben zu führen, nicht ahnend, dass er von Anfang an von der Staatsmacht beobachtet wird. Schließlich wird er verhaftet.

Bedeutsame **Unterschiede** zwischen den Werken liegen bereits in der Zielsetzung der Autoren begründet. Geht es Huxley um Warnung vor unkontrolliertem wissenschaftlichen Fortschritt und zügellosem Massenkonsum, so stehen bei Orwells 1948 erschienenem Roman – auch unter dem Eindruck der Erfahrungen mit den nationalsozialistischen und kommunistischen Diktaturen – politische Gefahren im Mittelpunkt. Dies zeigt sich auch in der Struktur der beschriebenen Welt: Auf der einen Seite steht der Weltstaat, auf der anderen ist die Erde in drei Staaten aufgeteilt, die ständig miteinander im Krieg stehen. Doch damit nicht genug, auch die Lebensbedingungen und staatlichen Maßnahmen könnten gegensätzlicher nicht sein. Die Neue Welt ist frei von politischen Spannungen, die Menschen haben einen hohen Lebensstandard, es gibt keine Kriege und nahezu keine Gewalt. *Happiness* ist das übergeordnete Ziel, dadurch wird die Stabilität des Staates gesichert. Die *Inner Party* in *Nineteen Eighty-Four* hingegen strebt Macht ausschließlich um ihrer selbst willen an. Indem sie die Bewohner unterdrückt und ständiger Kontrolle („Big Brother is watching you") aussetzt, festigt sie ihre Position. Der Lebensstandard wird künstlich niedrig gehalten, um dadurch den Hass auf die vermeintlich verantwortlichen Gegner zu steigern. Besonders deutlich wird dieser Gegensatz in der Rolle der Sexualität. Für die Bewohner des Weltstaates ist Promiskuität fester Bestandteil ihres Lebens; dadurch soll überschüssige Energie abgebaut werden, die die Menschen auf abweichlerische Gedanken bringen könnte. In Oceania jedoch hat sexuelle Enthaltsamkeit oberste Priorität, gerade um zusätzliche Energie zu erzeugen, die dann wieder in Hass auf den Gegner umgemünzt werden kann.

Nicht zuletzt weisen auch die Figuren mit abweichendem Verhalten klare Unterschiede auf. In *Brave New World* tritt mit John eine außergewöhnliche Figur auf, die noch dazu von außen in die Neue Welt kommt und sich gegen sie auflehnt. Auch wenn er letztlich nur den Selbstmord als Ausweg sieht, so handelt er bis zum Schluss selbstbestimmt. Ganz anders dagegen Winston Smith, der Protagonist in *Nineteen Eighty-Four*: Mit ihm versucht ein durchschnittlicher Bürger, Mitglied der *Inner Party*, sich dem Zugriff des Staates zu entziehen und dessen Manipulationen aufzudecken. Er scheitert jedoch vollständig und wird durch brutale Folter völlig zerbrochen.

Literaturhinweise

Verwendete Ausgabe

HUXLEY, ALDOUS: *Brave New World.* Vintage: London, 2004.

Sekundärtexte

HACHTEL, JULIA: *Die Entwicklung des Genres Antiutopie.* Literatur und Medien, 3. Tectum: Marburg, 2007.
Untersuchung verschiedener antiutopischer Romane, u. a. *Brave New World* und *The Handmaid's Tale* (Margaret Atwood).

IZZO, DAVID GARRETT und KIM KIRKPATRICK (Hrsg.): *Huxley's "Brave New World". Essays.* McFarland: Jefferson, N.C., 2008.
Sammelband mit Beiträgen verschiedener Autoren, z. B. zu „Political Repression and Sexual Freedom", „Our Ford and the Epsilons", „Shakespeare and Scientific Utopia", „The Savage Reservation".

REIFF, RAYCHEL HAUGRUD: *Aldous Huxley, "Brave New World".* Marshall Cavendish Benchmark: New York, 2010.
Hintergrundinformationen zum Autor und seiner Zeit, Analyse von *Brave New World* und Einordnung Huxleys in die Literaturszene.

Anmerkungen

1 Zu den Namen der Figuren und den möglichen Bedeutungen finden sich Erklärungen im Kapitel Sprache.
2 Zu Shakespeare vgl. auch Kap. 3.4.
3 Der Erzbischof von Canterbury ist das Oberhaupt der *Church of England.*
4 *Big Ben* bezeichnet die schwerste der Glocken im Uhrturm des Parlamentsgebäudes und wird oft auch stellvertretend für die Uhr bzw. den gesamten Turm verwendet.
5 Charing Cross ist eine berühmte Kreuzung und der offizielle Mittelpunkt Londons.
6 Hier und im Folgenden wird auf Shakespeares Werke mit Bezug auf Akt (römische Zahl, großgeschrieben), Szene (römische Zahl, kleingeschrieben) und Vers (arabische Zahl) verwiesen.
7 Unter PID versteht man Untersuchungen eines durch künstliche Befruchtung erzeugten Embryos, die darüber entscheiden, ob ein Embryo in die Gebärmutter eingesetzt wird oder nicht. Es geht darum, bestimmte Erbkrankheiten oder Gendefekte auszuschließen.
8 Zu den Slogans vgl. auch Kapitel 1 und 3.3.
9 „Soma", das griechische Wort für „Körper", ist der Name einer Droge, die bereits in alten hinduistischen Schriften erwähnt wird, ohne dass deren genaue Zusammensetzung jedoch erschlossen wäre. Interessanterweise ist dies auch die Bezeichnung eines muskelentspannenden Arzneimittels, das 1959 in den USA auf den Markt kam.
10 *Chicago Tribune*, 1916, zitiert nach: http://www.phrases.org.uk/meanings/182100.html (Oktober 2011)
11 Vgl. dazu auch: Christoph M. Peters, „Gegenwelten. Norm und Abweichung in *Brave New World*, *Nineteen Eighty-Four* und *The Handmaid's Tale*." In: ders. und Friedrich-K. Unterweg (Hrsg.), *Thomas More … and More.* Peter Lang: Frankfurt a. M. 2002, S. 375–404.

STARK Interpretationshilfen und Trainingsbände für die Oberstufe

Deutsch Interpretationen

Andersch: *Sansibar oder der letzte Grund* .... Best.-Nr. 2400721

Becker: *Bronsteins Kinder* .... Best.-Nr. 2400671

Brecht: *Der aufhaltsame Aufstieg des Arturo Ui* .... Best.-Nr. 2400281

Brecht: *Leben des Galilei* .... Best.-Nr. 2400011

Brecht: *Mutter Courage und ihre Kinder* .... Best.-Nr. 2400521

Brecht: *Der gute Mensch von Sezuan* .... Best.-Nr. 2400751

Brussig: *Am kürzeren Ende der Sonnenallee* ..... Best.-Nr. 2400201

Büchner: *Dantons Tod* .... Best.-Nr. 2400121

Büchner: *Der Hessische Landbote* .... Best.-Nr. 2400461

Büchner: *Lenz* .... Best.-Nr. 2400431

Büchner: *Leonce und Lena* .... Best.-Nr. 2400261

Büchner: *Woyzeck* .... Best.-Nr. 2400042

Dürrenmatt: *Der Besuch der alten Dame* .... Best.-Nr. 2400341

Dürrenmatt: *Der Verdacht* .... Best.-Nr. 2400571

Dürrenmatt: *Die Physiker* .... Best.-Nr. 2400651

Eichendorff: *Aus dem Leben eines Taugenichts* .... Best.-Nr. 2400071

Eichendorff: *Das Marmorbild* .... Best.-Nr. 2400081

Fontane: *Effi Briest* .... Best.-Nr. 2400371

Fontane: *Irrungen, Wirrungen* .... Best.-Nr. 2400401

Fontane: *Frau Jenny Treibel* .... Best.-Nr. 2400611

Frisch: *Biedermann und die Brandstifter* .... Best.-Nr. 2400531

Frisch: *Homo faber* .... Best.-Nr. 2400031

Frisch: *Andorra* .... Best.-Nr. 2400131

Goethe: *Faust I* .... Best.-Nr. 2400512

Goethe: *Iphigenie auf Tauris* .... Best.-Nr. 2400361

Goethe: *Die Leiden des jungen Werther* Best.-Nr. 2400051

Gross: *Grafeneck* .... Best.-Nr. 2400761

Hauptmann: *Die Ratten* .... Best.-Nr. 2400411

Hein: *Der fremde Freund/Drachenblut* Best.-Nr. 2400061

Hesse: *Siddhartha* .... Best.-Nr. 2400711

Hoffmann, E.T.A.: *Der Sandmann* .... Best.-Nr. 2400351

Horváth: *Geschichten aus dem Wiener Wald* .... Best.-Nr. 2400581

Kafka: *Der Proceß* .... Best.-Nr. 2400481

Kafka: *Die Verwandlung/Das Urteil* .... Best.-Nr. 2400141

Kehlmann: *Die Vermessung der Welt* ... Best.-Nr. 2400701

Keller: *Romeo und Julia auf dem Dorfe* Best.-Nr. 2400321

Kerner: *Blueprint. Blaupause* .... Best.-Nr. 2400391

Kleist: *Der zerbrochne Krug* .... Best.-Nr. 2400541

Kleist: *Die Marquise von O.* .... Best.-Nr. 2400471

Kleist: *Michael Kohlhaas* .... Best.-Nr. 2400111

Kleist: *Prinz Friedrich von Homburg* ..... Best.-Nr. 2400631

Koeppen: *Tauben im Gras* .... Best.-Nr. 2400641

Kracht: *Faserland* .... Best.-Nr. 2400771

Lessing: *Emilia Galotti* .... Best.-Nr. 2400191

Lessing: *Nathan der Weise* .... Best.-Nr. 2400501

Mann, Th.: *Der Tod in Venedig* .... Best.-Nr. 2400291

Mann, Th.: *Tonio Kröger/ Mario und der Zauberer* .... Best.-Nr. 2400151

Mann, Th.: *Buddenbrooks* .... Best.-Nr. 2400681

Musil: *Die Verwirrungen der Zöglings Törleß* .... Best.-Nr. 2400561

Schiller: *Don Karlos* .... Best.-Nr. 2400162

Schiller: *Kabale und Liebe* .... Best.-Nr. 2400231

Schiller: *Die Räuber* .... Best.-Nr. 2400421

Schiller: *Maria Stuart* .... Best.-Nr. 2400272

Schlink: *Der Vorleser* .... Best.-Nr. 2400102

Schneider: *Schlafes Bruder* .... Best.-Nr. 2400021

Schnitzler: *Lieutenant Gustl* .... Best.-Nr. 2400661

Schnitzler: *Traumnovelle* .... Best.-Nr. 2400311

Sophokles: *Antigone* .... Best.-Nr. 2400221

Stamm: *Agnes* .... Best.-Nr. 2400691

Storm: *Der Schimmelreiter* .... Best.-Nr. 2400381

Süskind: *Das Parfum* .... Best.-Nr. 2400091

Timm: *Die Entdeckung der Currywurst* .... Best.-Nr. 2400301

Vanderbeke: *Das Muschelessen* .... Best.-Nr. 2400331

Wolf: *Kassandra* .... Best.-Nr. 2400601

Wolf: *Medea. Stimmen* .... Best.-Nr. 2400551

Wedekind: *Frühlings Erwachen* .... Best.-Nr. 2400491

Zweig: *Schachnovelle* .... Best.-Nr. 2400441

Deutsch Training

Gedichte analysieren und interpretieren .... Best.-Nr. 944091

Dramen analysieren u. interpretieren .. Best.-Nr. 944092

Epische Texte analysieren und interpretieren .... Best.-Nr. 944093

Erörtern und Sachtexte analysieren ..... Best.-Nr. 944094

Abitur-Wissen Deutsche Literaturgeschichte .... Best.-Nr. 94405

Abitur-Wissen Textinterpretation .... Best.-Nr. 944061

Abitur-Wissen Erörtern und Sachtexte analysieren ..... Best.-Nr. 944064

Abitur-Wissen Prüfungswissen Oberstufe .... Best.-Nr. 94400

(Bitte blättern Sie um)

Deutsch Prüfungstraining Literatur

Prüfungstraining Literatur
Liebeslyrik .... Best.-Nr. 1045401
Prüfungstraining Literatur – Baden-Württemberg
Peter Stamm: *Agnes* .... Best.-Nr. 8454001
Prüfungstraining Literatur – Niedersachsen
Christian Kracht: *Faserland* .... Best.-Nr. 3454001
Prüfungstraining Literatur – NRW
Thomas Mann: *Buddenbrooks* .... Best.-Nr. 5454001
Prüfungstraining Literatur – NRW
J. W. v. Goethe: *Iphigenie auf Tauris* .... Best.-Nr. 5454003

Englisch Interpretationen

Albee:
Who's afraid of Virginia Woolf? .... Best.-Nr. 2500101
Atwood: *The Handmaid's Tale* .... Best.-Nr. 2500181
Auster: *Moon Palace* .... Best.-Nr. 2500031
Boyle: *The Tortilla Curtain* .... Best.-Nr. 2500131
Bradbury: *Fahrenheit 451* .... Best.-Nr. 2500141
20th Century English Short Stories .... Best.-Nr. 2500151
Fitzgerald: *The Great Gatsby* .... Best.-Nr. 2500191
Golding: *Lord of the Flies* .... Best.-Nr. 2500051
Hornby: *About a Boy* .... Best.-Nr. 2500201
Huxley: *Brave New World* .... Best.-Nr. 2500281
Ishiguro: *The Remains of the Day* .... Best.-Nr. 2500171
Lee: *To Kill A Mockingbird* .... Best.-Nr. 2500231
Lessing: *The Fifth Child* .... Best.-Nr. 2500071
MacLaverty: *Cal* .... Best.-Nr. 2500161
Priestley: *An Inspector Calls* .... Best.-Nr. 2500081
Russell: *Educating Rita* .... Best.-Nr. 2500061
Salinger: *The Catcher in the Rye* .... Best.-Nr. 2500111
Shakespeare: *Macbeth* .... Best.-Nr. 2500011
Shakespeare: *Much Ado About Nothing* Best.-Nr. 2500241
Shakespeare: *Romeo and Juliet* .... Best.-Nr. 2500041
Shaw: *Pygmalion* .... Best.-Nr. 2500121
Shepard: *True West* .... Best.-Nr. 2500211
Swarup: *Q & A: Slumdog Millionaire* .... Best.-Nr. 2500271
Williams: *A Streetcar Named Desire* .... Best.-Nr. 2500221

Englisch Training

Themenwortschatz .... Best.-Nr. 82451
Grammatikübungen .... Best.-Nr. 82452
Übersetzung .... Best.-Nr. 82454
Grundlagen, Arbeitstechniken und
Methoden mit Audio-CD .... Best.-Nr. 944601
Sprechfertigkeit mit Audio-CD .... Best.-Nr. 94467
Sprachmittlung .... Best.-Nr. 94469
Abitur-Wissen
Landeskunde Großbritannien .... Best.-Nr. 94461
Abitur-Wissen Landeskunde USA .... Best.-Nr. 94463
Abitur-Wissen
Englische Literaturgeschichte .... Best.-Nr. 94465
Klausuren Englisch Oberstufe .... Best.-Nr. 905113

Kompakt-Wissen Abitur
Themenwortschatz .... Best.-Nr. 90462
Kompakt-Wissen Abitur
Landeskunde/Literatur .... Best.-Nr. 90463

Spanisch

Kompakt-Wissen Abitur
Wortschatz Oberstufe .... Best.-Nr. 945401

Französisch Interpretationen

Camus: *L'Etranger/Der Fremde* .... Best.-Nr. 2550041
Sartre: *Huis clos/*
Geschlossene Gesellschaft .... Best.-Nr. 2550051
Schmitt: *Oscar et la dame rose* .... Best.-Nr. 2550071

Französisch Training

Landeskunde Frankreich .... Best.-Nr. 94501
Themenwortschatz .... Best.-Nr. 94503
Textarbeit Oberstufe .... Best.-Nr. 94504
Sprachmittlung · Übersetzung .... Best.-Nr. 94512
Abitur-Wissen
Französische Literaturgeschichte .... Best.-Nr. 94506
Klausuren Französisch Oberstufe
mit MP3-CD .... Best.-Nr. 105011
Kompakt-Wissen Abitur
Themenwortschatz .... Best.-Nr. 945010
Kompakt-Wissen Abitur
Kurzgrammatik .... Best.-Nr. 945011

Latein Training

Abitur-Wissen
Lateinische Literaturgeschichte .... Best.-Nr. 94602
Abitur-Wissen Römische Philosophie .... Best.-Nr. 94604
Abitur-Wissen Prüfungswissen Latinum Best.-Nr. 94608
Klausuren Latein Oberstufe .... Best.-Nr. 106011
Kompakt-Wissen Kurzgrammatik .... Best.-Nr. 906011

Bestellungen bitte direkt an:
STARK Verlagsgesellschaft mbH & Co. KG · Postfach 1852 · 85318 Freising
Tel. 0180 3 179000* · Fax 0180 3 179001* · www.stark-verlag.de · info@stark-verlag.de
*9 Cent pro Min. aus dem deutschen Festnetz, Mobilfunk bis 42 Cent pro Min.
Aus dem Mobilfunknetz wählen Sie die Festnetznummer: 08167 9573-0

Lernen • Wissen • Zukun
STARK

21-V1P